POR QUE AS TRANSFORMAÇÕES DIGITAIS DÃO 'ERRADO'

Elogios a *Por que as Transformações Digitais Dão Errado*

"Caso já tenha se perguntado por que a disrupção digital segue inabalável, apesar dos esforços dos principais líderes mundiais, você não está sozinho. Se estiver procurando um manual prático com um olhar claro e inteligente para ajudá-lo a fazer algo a respeito do assunto, este livro é para você."

— **Dra. Simone Ahuja, fundadora da Blood Orange e autora de *Disrupt-It-Yourself***

"Este é o livro que eu gostaria de ter lido duas décadas atrás. Recomendo esta obra de Tony para qualquer um que esteja interessado na transformação digital."

— **Josué Alencar, Springs Global, Brasil**

"Um guia com o passo a passo para os líderes organizacionais que buscam sobreviver, prosperar e permanecer competentes na era da disrupção digital."

— **Oğuzhan Aygören, professor-assistente de Marketing, Empreendedorismo e Inovação na Universidade Boğaziçi, Turquia**

"Tony tem um histórico fantástico na execução bem-sucedida de transformações digitais. Seu roteiro para tornar as transformações digitais um sucesso é brilhante. Leia este livro e transforme exitosamente sua empresa!"

— **Caroline Basyn, CIO e GBS Officer, Mondelēz International**

"Muitos executivos lerão este livro após o fracasso de suas estratégias digitais. Da mesma forma, muitos o lerão antes de criarem uma estratégia vitoriosa. Sugiro a segunda opção."

— **Frank Casale, fundador, Institute for Robotic Process Automation & Artificial Intelligence**

"Este livro deveria ser lido e relido por todos os líderes dos setores público e privado. É uma cartilha sobre como sobreviver e vencer na atual revolução industrial digital."

— **Vivek Choudhury, reitor associado para Iniciativas Estratégicas e professor de Sistemas de Informação e Gestão Tecnológica, The George Washington University School of Business**

"O livro de Tony consegue fazer uma ponte entre décadas de experiência prática em ambientes empresariais complexos e o pensamento sistêmico e analítico. Uma leitura muito proveitosa e instigante."

— **Alfonso Fuggetta, CEO e diretor científico, Cefriel, Politecnico di Milano, Itália**

"Bem poucos líderes possuem um histórico impecável de sucessos consistentes nas jornadas complexas de transformação digital. Um número ainda menor articulou com eficácia a receita de seu sucesso. Com este livro, Tony realizou esse feito raro. Sua rica experiência como profissional ajudará os líderes digitais a alcançar resultados reais: os resultados 10X, que ele define como um décimo do custo, ou dez vezes mais produtividade, ou experiência do usuário dez vezes melhor. Este livro é leitura obrigatória para os líderes que estão passando por qualquer fase da transformação digital."

— **Sanjay Jalona, CEO e diretor administrativo, LTI**

"É tarde demais para ter uma estratégia digital; agora, você precisa de uma estratégia que inclua o digital. Este livro é a preparação mais poderosa que já vi para os líderes frente ao futuro digital tão difundido."

— Bob Johansen, membro benemérito, Institute for the Future, e autor de *The New Leadership Literacies*

"Um guia muito necessário ao profissional, oferecendo insights e conselhos valiosíssimos a respeito de como enfrentar provavelmente a mais desafiadora das revoluções 'industriais' que as empresas já viram."

— Marek Kapuscinski, ex-CEO, Procter & Gamble da Europa Central, e atual conselheiro, Cyfrowy Polsat SA e Bank Handlowy SA (Citi Handlowy)

"Tony possui a rara habilidade de abordar uma questão complexa, tal qual a transformação digital, e agregar experiências da vida real, conhecimento da melhor categoria e novos insights para resolvê-la."

— Sashi Narahari, cofundador e CEO, HighRadius

"Há muita coisa dita e escrita sobre a transformação digital, mas poucos mostram o processo completo e o plano de projeto. Tony conseguiu esclarecer o rumo a ser tomado, a partir de seus insights obtidos em sua excelente carreira em transformação de empresas. Este é um livro indispensável para os inovadores de empresas deste mundo."

— John Park, fundador, Digital Marketing Korea & AI Seoul Summit, e autor de *Data, Platform & Technology Changes the Map of Marketing*

"Tive o prazer de trabalhar com o Tony por mais de 20 anos. Ele possui um histórico invejável de transformações e estratégia. Fico encantado por vê-lo juntar esses dois aspectos para criar um livro extremamente importante para os líderes."

— Filippo Passerini, executivo operacional e ex-presidente do grupo, Global Business Services, e CIO, Procter & Gamble

"A nova era digital demanda novas formas de pensar sobre a mudança gerencial. Tony Saldanha oferece um guia poderoso, com sua experiência invejável e insights brilhantes."

— Kumar V. Pratap, secretário-adjunto (Políticas de Infraestrutura e Finanças), ministro das finanças, Governo da Índia

"Uma coisa é uma startup já começar digital. Outra coisa totalmente diferente é uma organização existente se tornar digital. Tony fala de forma simples e partindo de décadas de experiência a respeito do que é necessário para realizar uma transformação digital de sucesso. E, como este livro lista de forma brilhante: que a tecnologia é apenas parte da resposta."

— Andrew Razeghi, fundador, StrategyLab, Inc.; palestrante, Kellogg School of Management, Northwestern University; autor de *Bend the Curve*; e investidor-anjo ativo

"Nós, da Shared Services & Outsourcing Network, há muito tempo respeitamos profundamente os resultados transformadores do trabalho do Tony. É muito bom ver que a fórmula está finalmente documentada neste livro excelente."

— Naomi Secor, diretora administrativa global, The Shared Services & Outsourcing Network

"O livro do Tony deveria ser uma leitura obrigatória para todos os líderes que estão buscando conduzir uma revolução digital em suas empresas. É um guia prático sobre a disciplina necessária para realizar as mudanças na organização, processo e cultura que alimentam o sucesso."

— Andy Shih, vice-presidente e diretor-geral de comércio digital, Nike, Grande China

"Fantástico! Este livro revela a causa raiz das transformações digitais que fracassaram. Se você é um líder inovador ou progressista, vai querer armar-se com os insights e dicas práticas oferecidas aqui."

— **Ed Sim, fundador e sócio administrativo, Boldstart Ventures**

"Como demonstrado pelas empresas que duraram séculos, a transformação de sucesso necessita de uma liderança de visão e disciplinada. Tony aplica os mesmos princípios aos desafios atuais, mostrando que o digital não é problema, mas, na verdade, um facilitador que o ajuda a realizar sua visão estratégica."

— **Mindy Simon, CIO, Global Business & Information Services, Conagra**

"Esta é uma leitura obrigatória tanto para líderes experimentes como para os novatos. A abordagem bem escrita e pragmática usada por Tony Saldanha para a transformação digital apresenta um guia simples para alcançar o sucesso na era digital."

— **Richard Smullen, fundador e CEO, Pypestream**

"Se acredita no poder disruptivo da tecnologia digital e quer fazer algo a respeito disso, então este livro é para você."

— **Dr. Venkat Srinivasan, empreendedor serial e autor de**
The Intelligent Enterprise in the Era of Big Data

"Tony é um especialista da indústria com a credibilidade de ter realizado grandes operações, liderado inovações disruptivas e transformado as operações de sucesso em novos modelos disruptivos. Este livro revela muitos de seus segredos."

— **Sheree Stomberg, diretora global da Citi Shared Services**

"O fracasso geralmente traz mais iluminação do que a desconstrução do sucesso, pois demanda um remédio mais penetrante e rigoroso. É com essa compreensão que Tony lança um olhar imparcial sobre a transformação digital."

— **Paco Underhill, CEO, Envirosell, e autor de** *Vamos às Compras!*

"Tony Saldanha nos diz, de forma simples, como prosperar nestes tempos digitalmente disruptivos. Este é um livro que nenhum leitor pode se dar o luxo de deixar passar."

— **Robert Weltevreden, diretor da Novartis Business Services**

POR QUE AS TRANSFORMAÇÕES DIGITAIS DÃO ERRADO

AS SURPREENDENTES DISCIPLINAS DE COMO
LEVANTAR VOO E PERMANECER À FRENTE

TONY SALDANHA

ALTA BOOKS
E D I T O R A
Rio de Janeiro, 2021

Por Que as Transformações Digitais Dão Errado

Copyright © 2021 da Starlin Alta Editora e Consultoria Eireli. ISBN: 978-85-508-1402-5

Translated from original Why Digital Transformations Fail. Copyright © 2019 by Tony Saldanha. ISBN: 978-1-5230-8534-7. This translation is published and sold by permission of Berrett-Koehler Publishers, Inc. the owner of all rights to publish and sell the same. PORTUGUESE language edition published by Starlin Alta Editora e Consultoria Eireli, Copyright © 2021 by Starlin Alta Editora e Consultoria Eireli.

Todos os direitos estão reservados e protegidos por Lei. Nenhuma parte deste livro, sem autorização prévia por escrito da editora, poderá ser reproduzida ou transmitida. A violação dos Direitos Autorais é crime estabelecido na Lei nº 9.610/98 e com punição de acordo com o artigo 184 do Código Penal.

A editora não se responsabiliza pelo conteúdo da obra, formulada exclusivamente pelo(s) autor(es).

Marcas Registradas: Todos os termos mencionados e reconhecidos como Marca Registrada e/ou Comercial são de responsabilidade de seus proprietários. A editora informa não estar associada a nenhum produto e/ou fornecedor apresentado no livro.

Impresso no Brasil — 1ª Edição, 2021 — Edição revisada conforme o Acordo Ortográfico da Língua Portuguesa de 2009.

Erratas e arquivos de apoio: No site da editora relatamos, com a devida correção, qualquer erro encontrado em nossos livros, bem como disponibilizamos arquivos de apoio se aplicáveis à obra em questão.
Acesse o site www.altabooks.com.br e procure pelo título do livro desejado para ter acesso às erratas, aos arquivos de apoio e/ou a outros conteúdos aplicáveis à obra.

Suporte Técnico: A obra é comercializada na forma em que está, sem direito a suporte técnico ou orientação pessoal/exclusiva ao leitor.
A editora não se responsabiliza pela manutenção, atualização e idioma dos sites referidos pelos autores nesta obra.

Dados Internacionais de Catalogação na Publicação (CIP) de acordo com ISBD

S162p Saldanha, Tony
Por Que as Transformações Digitais dão Errado: As Surpreendentes Disciplinas de Como Levantar Voo e Permanecer À Frente / Tony Saldanha ; traduzido por Alberto G. Streicher. - Rio de Janeiro : Alta Books, 2021.
216 p. : il. ; 16cm x 23cm.

Tradução de: Why Digital Transformations Fail
Inclui índice.
ISBN: 978-85-508-1402-5

1. Administração. 2. Negócios. 3. Transformação Digital. I. Streicher, Alberto G. II. Título.

2021-3953
CDD 658.4012
CDU 65.011.4

Elaborado por Vagner Rodolfo da Silva - CRB-8/9410

Rua Viúva Cláudio, 291 — Bairro Industrial do Jacaré
CEP: 20.970-031 — Rio de Janeiro (RJ)
Tels.: (21) 3278-8069 / 3278-8419
www.altabooks.com.br — altabooks@altabooks.com.br

Produção Editorial
Editora Alta Books

Gerência Comercial
Daniele Fonseca

Editor de Aquisição
José Rugeri
acquisition@altabooks.com.br

Produtores Editoriais
Illysabelle Trajano
Maria de Lourdes Borges
Thiê Alves

Marketing Editorial
Livia Carvalho
Marcelo Fernandes
Thiago Brito
marketing@altabooks.com.br

Equipe de Design
Larissa Lima
Marcelli Ferreira
Paulo Gomes

Diretor Editorial
Anderson Vieira

Coordenação Financeira
Solange Souza

Produtor da Obra
Thales Silva

Equipe Ass. Editorial
Brenda Rodrigues
Caroline David
Luana Rodrigues
Mariana Portugal
Raquel Porto

Equipe Comercial
Adriana Baricelli
Daiana Costa
Fillipe Amorim
Kaique Luiz
Victor Hugo Morais
Viviane Paiva

Atuaram na edição desta obra:

Tradução
Alberto G. Streicher

Copidesque
Maíra Meyer

Revisão Técnica
Paulo Portinho
Palestrante, professor de finanças, administração e marketing

Revisão Gramatical
Gabriella Araújo
Thais Pol

Diagramação
Lucia Quaresma

Capa
Joyce Matos

Ouvidoria: ouvidoria@altabooks.com.br

Editora afiliada à:

Para @saldanhaclan — Ernest, Veronica, Julia, Lara e Rene.
É impossível a família ficar melhor que isso.

A diligência é a mãe da boa sorte.

— Miguel de Cervantes, *Dom Quixote*

Sumário

Agradecimentos	xiii
Sobre o Autor	xvii
Introdução	xix
Prefácio	xxi

Parte I: Por que as Transformações Digitais Dão Errado e o que Fazer Nessa Situação — 1

Capítulo 1: Como Sobreviver a uma Revolução Industrial — 3

Capítulo 2: As Disciplinas para Chegar à Transformação de Nível 5 — 13

Parte II: Os Cinco Estágios da Transformação Digital — 29

Estágio 1: Fundação — 31

Capítulo 3: Comprometimento de Dono — 33

Capítulo 4: Execução Iterativa — 43

Estágio 2: Silos — 55

Capítulo 5: Empoderamento da Disrupção — 57

Capítulo 6: Pontos de Vantagem Digital — 67

Estágio 3: Parcialmente Sincronizado — 79

Capítulo 7: Mudança Efetiva de Modelo — 81

Capítulo 8: Suficiência Estratégica — 93

Estágio 4: Totalmente Sincronizado — 103

Capítulo 9: Reorganização Digital — 105

Capítulo 10: Permanecer Atualizado — 113

Estágio 5:	**DNA Vivo**	**121**
Capítulo 11:	Cultura Ágil	123
Capítulo 12:	Percebendo o Risco	133
Parte III:	**Vencendo com a Transformação Digital**	**145**
Capítulo 13:	A Transformação dos NGS da P&G	147
Capítulo 14:	Como as Transformações Digitais Podem Dar Certo	155
Recurso A:	Checklist das Disciplinas Surpreendentes	163
Recurso B:	Como Usar as Cinco Tecnologias Mais Exponenciais	169
Notas		183
Índice		189

Agradecimentos

Posso ter escrito as palavras, mas foi Steve Piersanti, meu editor, quem as transformou em um livro. Steve também é o fundador e presidente da Berrett-Koehler, a editora que mais apoia os autores no mundo. Ele não apenas editou, mas também me ajudou a conceitualizar a ideia, me desafiando e inspirando, fazendo meu pensamento estender-se ao infinito. Este livro foi muito beneficiado pelos toques que ele deu. Steve: devo essa a você. E é uma dívida enorme!

O pessoal da BK também foi impressionante. Jeevan Sivasubramaniam teve a mão firme para manter as coisas rodando perfeitamente. Michael Crowley liderou a fantástica equipe de vendas e marketing, que fez uma operação invejável e de primeira linha. Não deveria me surpreender — já trabalhei para uma grande empresa de marketing! Meus sinceros agradecimentos a Lasell Whipple, diretora de design, por seu projeto paciente e brilhante, incluindo a capa surpreendente; a Edward Wade, diretor de design e produção, pelo apoio na produção; a David Marshall, pelo apoio digital e editorial; a María Jesús Aguiló e Catherine Lengronne, pelo trabalho extraordinário no licenciamento das versões locais; a Leslie Crandell, por ter facilitado tanto minha vida com as vendas e apoio nos EUA; a Liz McKellar, pelo brilhante trabalho com os direitos internacionais; e a Courtney Schonfeld, pela brilhante versão em áudio. Jon Ford, o supercompetente editor de copidesque e Jon Peck, o brilhante editor de conteúdo da Dovetail Publishing Services, tornaram o processo editorial leve como uma brisa. Cathy Lewis, da CS Lewis Publicity, teve maestria no planejamento e execução de RP. A insubstituível Jill Totenberg provou por que é conhecida no ramo como uma das melhores agentes de RP do mundo. Essas são apenas algumas das pessoas fantásticas que trabalham na Berrett-Koehler e em empresas associadas.

A família Procter & Gamble tem sido uma estrutura carinhosa de apoio e uma fonte inesgotável de aprendizado e amizades durante metade da minha vida (e, verdade seja dita, durante esse tempo, mais da metade foi durante 24 horas por dia). Mas sempre foi muito divertido! Bob McDonald foi um líder inspirador e edificante desde os primeiros dias nas Filipinas. Obrigado, Bob, também pela introdução. Fui extremamente afortunado pelos meus últimos dois chefes na P&G, Filippo Passerini e Julio Nemeth. Os dois foram brilhantes, visionários, impecavelmente habilidosos e intensamente calorosos.

As pessoas da equipe Next Generation Services na P&G sempre se mostraram muito mais do que colegas de trabalho; eram parte da família. Brent Duersch, parceiro de crime desde o primeiro dia. Kim Eldridge, minha assistente, foi uma profissional perfeita, cheerleader e mãe do grupo, tudo em uma só pessoa. Vasanthi Chalasani, que me sucedeu, continua a fazer com que a equipe galgue cada vez mais alto. As empresas parceiras — Ascendum, EY, Genpact, Infosys, L&T Infotech, HCL, HPE/DXC, Tata Consultancy Services, Wipro e WNS — trouxeram mais do que expertise, elas foram uma fonte de paixão e intensa colaboração.

Salim Ismail tem sido um conselheiro e uma figura paterna em toda sua jornada. Sem dúvida, uma figura paterna extremamente jovem, mas não deixa de sê-lo. A equipe OpenExO tem sido um recurso fantástico ao longo do caminho — Samantha McMahon, Michelle Lapierre, Francisco Palao Reinés e Emilie Sydney-Smith —, muito obrigado! Michael Leadbetter, presidente e fundador da Pivot Factory, é meu sócio, amigo, apoiador chefe e parceiro nas comilanças. Obrigado, Michael!

Diversas pessoas foram de uma ajuda tremenda durante os primeiros dias, quando eu não fazia ideia de como escrever ou publicar um livro. Don Fehr, meu agente do lendário Trident Media Group, assumiu o risco com um autor desconhecido e me orientou, transformando-me em algo minimamente respeitável. Meus agradecimentos a Bob Johansen, membro benemérito do Institute for the Future, pela orientação e recomendação da Berrett-Koehler. Meu caro amigo Venkat Srinivasan, autor e fundador serial, deu-me grandes conselhos e fez ótimas conexões. O Dr. Sanjiv Chopra, autor prolífico e membro do corpo docente da Harvard Medical School, abriu as portas ao mundo das publicações. Os autores Simone Ahuja, da Blood Orange; Paul Butler, da GlobalEdg; Dan Roberts, da Ouellette & Associates; e Jose Ignacio Sordo, da CIO Eureka, ensinaram-me o que é ser um escritor.

Dr. Vinisha Peres foi um pesquisador dos sonhos. Joe Lowenstein, piloto veterano e pessoa genuinamente boa, forneceu-me de bom grado conhecimentos técnicos sobre a aviação que teriam exigido décadas de experiência pessoal em voos para adquirir. Sharad Malhautra foi uma ajuda constante durante toda a jornada. Rajan e Alka Panandiker, fotógrafos amadores de primeira linha (e, devo mencionar, colegas goanos) têm minha gratidão por seu enorme investimento de tempo.

Acredito muito no poder dos ecossistemas, e este livro foi um veículo perfeito para que me conectasse com uma vasta gama de especialistas. Os membros da rede especialista da BK, Travis Wilson, Mike McNair, David Marshall, Nic Albert, Amity Bacon e Douglas Hammer, forneceram avaliações detalhadas que contribuíram tremendamente para a formação deste livro.

Alguns poucos colegas próximos e respeitados investiram esforços significativos ao fazerem uma crítica detalhada do manuscrito, o que me ajudou a reformular muito o livro chegando ao final: Mike Lingle, também conhecido como o Mago da Edição, Mark Dorfmueller, Guniz Louit, Sanjay Jiandani, Suman Sasmal, German Faraoni, Nicolas Kerling, Brent Duersch, Brad Comerford, Anshul Srivastava, Brad Humphries, Gaurav Mathur, Parthiv Sheth e Udayan Dasgupta. Muito obrigado por sua dedicação.

Paola Lucetti, Carlos Amesquita, Sanjay Singh, Yazdi Bagli, Kshitij Mulay, Kishore Karuppan, Mattijs Kersten, Clyde Bailey, Alfredo Colas, Kelsey Driscoll, Gautam Chander, Mike Teo e Oana Laza — obrigado pelo apoio.

O ecossistema ExO Consultant foi outra rede especialista essencial que forneceu insights incrivelmente úteis com base em sua experiência prática. Em especial Ann Ralston, Michal Monit, Rodrigo Castro Cordero e Almira Radjab, que desempenharam um papel significativo ao trazerem experiências da vida real para o trabalho.

As pessoas que recomendam livros desempenham um papel vital ao oferecerem suas contribuições e apoio profissionais ao projeto. Apenas um obrigado não é o suficiente. Para todos os que recomendaram meus livros: vocês me ajudaram tremendamente por meio da credibilidade que possuem.

Usei a palavra "família" algumas vezes anteriormente para descrever o máximo em relacionamentos, pois é o que de fato sinto com o que minha família biológica me deu. Meus pais, Ernest e Veronica Saldanha, personificaram a doação abnegada e o amor infinito. Meus irmãos, irmãs e seus cônjuges, Marilyn e Ambrose, Ivy e Charlie e Flory e Cliffy demonstraram que o céu é o limite quando um pedido de ajuda aparece. Minha sogra, Ermelinda Fernandes, que faleceu recentemente, nunca parou de pensar em maneiras de difundir a educação.

Minhas filhas, Lara e Rene, foram uma inspiração, fonte de ajuda e meu chão de forma muito maior do que possam imaginar. Elas trabalharam comigo nos manuscritos e deram um certo toque dos millennials ao projeto como um todo com seus comentários ("Não acho que possa ajudar porque, seu manuscrito está cheio de problemas") e sugestões ("Use a foto onde está sendo atacado pelo papagaio na capa, se quiser que o livro venda").

Finalmente, um obrigado muito especial para minha esposa e pilar de suporte, Julia. Seu amor, inspiração e colaboração em cada fase deste livro foram enormes. Este livro não teria sido possível sem ela.

Sobre o Autor

Por mais de três décadas, Tony Saldanha tem sido líder empresarial e tecnológico globalmente reconhecido na linha de frente do setor de unidades de negócios globais e tecnologia da informação. Este livro é o apogeu de suas experiências pessoais em operações práticas, inovações disruptivas e estratégias durante esse período.

A experiência de Tony com transformações digitais é muito profunda. Durante sua carreira de 27 anos na Procter & Gamble, ele administrou as transformações operacionais e digitais na famosa organização GBS e de TI em todas as regiões do mundo, chegando à vice-presidência das Unidades de Negócios Globais (Global Shared Business — GBS) e de Tecnologia da Informação. Líder inovador muito conhecido no setor, comandou projetos e operações dos GBS, ocupou posições de CIO, gerenciou aquisições e alienações, conduziu terceirizações em grande escala e projetou novos modelos de negócios. Seu nome esteve na lista dos principais profissionais de TI da *Computerworld* em 2013.

Tony teve uma visão privilegiada do poder transformativo da tecnologia digital durante toda sua vida. Tendo crescido na Índia nos anos 1970 e 1980, ele passou pelas mudanças radicais que a tecnologia de software trouxe às pessoas, organizações e sociedades. Essa experiência em primeira mão com a revolução digital continuou em seu trabalho em mais de 60 países, e por ter morado em seis países. Tony criou a eficiência empresarial por meio da padronização nos anos 1990, quando distribuiu computadores com programas gratuitos de processamento de pedidos para todos os distribuidores da P&G na Ásia. Naquela época, os computadores não eram baratos, mas a padronização que a P&G obteve em retorno valeu muito mais em eficiências operacionais. Ele contribuiu com o desenvolvimento do setor de terceirização quando desenvolveu e gerenciou o maior acordo global de terceirização de TI do mundo, valendo US$8 bilhões em 2003 para a P&G. Ele liderou a absorção das operações da Gillette no valor de US$10 bilhões aos sistemas da P&G como o CIO da Gillette em 2005. Em 2009, passou a criar novos modelos de negócios digitais enquanto liderava a TI da P&G e os serviços compartilhados para a Europa Central e Oriental, Oriente Médio e África. Os novos recursos de vendas e distribuição impulsionados pela tecnologia acabaram fornecendo um rendimento melhor em lugares como a Nigéria, em comparação com todo o mundo desenvolvido.

A oportunidade recente de reconstruir os recursos digitais para os Global Business Services na P&G, usando recursos digitais exponenciais da Quarta Revolução Industrial, concentrou todas as suas experiências de transformações digitais para enfrentar o grande desafio da disrupção a nível setorial. Ao enfrentar esse desafio monstruoso, ficou claro que aquela transformação daria certo apenas se pudesse ultrapassar os 70% de chance de fracasso dos projetos de transformação digital. Motivado por seu insight, o foco de Tony durante os anos recentes não tem sido a tecnologia, mas o rigor antropológico e de engenharia necessário para proporcionar transformações digitais de sucesso.

Atualmente, Tony é consultor de transformação digital para conselhos de administração e executivos de alto nível. Ele continua sendo um palestrante muito requisitado em seu tempo livre. Investidores de risco e startups também recebem suas consultorias. Ele fundou uma empresa com base em blockchain para ajudar o setor de TI a comercializar softwares disruptivos. Sua experiência prévia nos conselhos de administração inclui participações em corpos de consultoria de TI na Universidade de Cincinnati, no programa de inteligência empresarial da Indiana University e na Universidade do Texas. Participou de conselhos de administração de consultoria ao cliente da Cloudera, Box e High Radius. Entre as empresas sem fins lucrativos, Tony foi membro-fundador e presidente do conselho de administração da INTERalliance of Greater Cincinnati, e está atualmente nos conselhos de administração da Community Shares of Greater Cincinnati e Remineralize the Earth.

Introdução

"Tony, como o Peter Arnett da CNN consegue ter uma antena parabólica em sua pasta para transmitir ao mundo a invasão do Iraque e nossos depósitos não conseguem se comunicar com nosso sistema de distribuição nas Filipinas?", perguntei. Tornei-me o gerente-geral de nossas operações da Procter & Gamble nas Filipinas em 1991 após o início da Guerra do Golfo. A Procter & Gamble Company entrou nas Filipinas em 1935 por meio de aquisições. Mas quando me tornei o gerente-geral, não estávamos entregando nosso melhor potencial. Tínhamos depósitos espalhados pelas mais de 7 mil ilhas da região e não conseguíamos enviar todos os pedidos. Nossos depósitos não conseguiam se comunicar entre si ou com nossas fábricas. Naqueles dias, eram necessários anos para que uma empresa de telefonia instalasse uma linha fixa nas Filipinas, e os telefones celulares ainda não eram confiáveis. Foi por isso que desafiei nosso novo líder de tecnologia da informação, o autor Tony Saldanha, a usar a tecnologia para dar um grande salto sobre esse problema.

Sempre acreditei nos benefícios da vantagem competitiva oferecidos pela tecnologia digital. Escrevi programas em codificação binária decimal (BCD) para um computador IBM 360 no ensino médio. Em West Point, fiz todos os cursos disponíveis de software e hardware, e escrevi partes de um programa em assembly para nosso computador mainframe Honeywell traduzir de Fortran IV para BCD. Mais tarde, como CEO da Procter & Gamble Company, construí um caminho, de acordo com a revista *Global Intelligence for the CIO* (Abril–Junho de 2012), para a P&G ser a primeira empresa da Fortune 50 a "digitalizar a empresa de ponta a ponta". A McKinsey & Company resumiu o feito como "a criação da empresa mais digitalmente habilitada do mundo". Isso significava que cada pessoa na empresa teria um dashboard customizado em seu computador que permitiria visualizar as métricas em tempo real e se aprofundar conforme necessário, por marca e por país, para compreender o que estava acontecendo e reagir para criar vantagem competitiva. Chamamos aquela iniciativa de Project Symphony, e foi liderada por Tony Saldanha.

Veja só, a Procter & Gamble Company estava se globalizando rapidamente nos anos 1980 e 1990, e tive a sorte de fazer parte do processo. Atribuições às nossas maiores marcas, como a Tide, em vários locais internacionais, como Canadá, Filipinas, Japão e Bélgica, e as principais categorias ou operações em todas as localizações geográficas me convenceram de que a tecnologia poderia fornecer a vantagem competitiva para captar os insights primeiro e expandi-los mais amplamente. Aproveitar esse potencial significa se digitalizar antes de sua concorrência. Hoje, isso parece bem anacrônico. A questão não é mais "se vai ou não fazer a transformação", mas "como se transformar". Este livro do Tony, baseado em seus anos de experiência e inúmeros esforços no mundo todo, oferece um guia importante com o passo a passo para melhorar as taxas de sucesso de transformação.

Quando me tornei o oitavo secretário do Departamento de Assuntos dos Veteranos nos EUA, o segundo maior departamento do governo federal depois do Departamento de Defesa, enfrentei o mesmo desafio para transformar a organização por meio da tecnologia digital. Na verdade, tornei-me secretário quando os funcionários mentiram ao meu predecessor e falsificaram a contabilidade, o que resultou no atraso do atendimento de saúde para os veteranos em Phoenix. Após minha confirmação na função, minha primeira viagem foi a Phoenix, e descobri que os sistemas de computador que pedimos aos planejadores que usassem era de 1985 e se parecia com o sistema operacional MS-DOS com tela verde. Além disso, estávamos administrando nosso orçamento de mais de US$185 bilhões usando o COBOL, uma linguagem de mainframe que codifiquei em West Point em 1972. Contratei uma pessoa que havia sido CIO na Johnson & Johnson e na Dell para me ajudar a transformar o departamento com a digitalização. Por exemplo, usando princípios de design centralizados no ser humano, criamos um site para os veteranos para substituírem mais de mil sites diferentes, a maioria dos quais exigia nomes de usuários e senhas específicos.

A experiência de Tony tornou-o um especialista em transformações digitais. Nas Filipinas e na Ásia, ele criou um novo modelo para a digitalização de nossos distribuidores — empresas dedicadas que representavam nossos recursos de vendas e logística em situações em que os varejistas eram pequenos e diversificados demais para que os funcionários da P&G os atendessem diretamente. Como mencionado antes, ele liderou o Project Symphony em todo o empreendimento global na medida em que trabalhávamos para transformar nossas miríades de dados em tomadas de decisão em tempo real em prol da vantagem competitiva pela compressão de tempo. Na P&G Central e nas Divisões da Europa Oriental, Oriente Médio e África, Tony aperfeiçoou ainda mais as ligações entre a corporação e seus distribuidores, por meio de uma iniciativa de conexão com o distribuidor em tempo real. Isso me permitiu uma visibilidade maior em tempo real para armazenar as vendas e estoques em pequenas lojas, na Nigéria por exemplo, em vez de lojas do Walmart nos Estados Unidos. Conforme Tony subia na hierarquia da P&G, ele aplicou suas consideráveis habilidades de transformação digital mais amplamente em toda a empresa.

Sinceramente, recomendo este livro para cada leitor. As três décadas de experiências profundas de Tony e o uso do sistema de checklist inspirado no setor de linhas aéreas são únicos. O conhecimento aqui encontrado impedirá você de cometer os erros que Tony e eu já cometemos, o ajudará a vencer a taxa de 70% de fracasso nas transformações digitais e o habilitará a proporcionar uma vantagem competitiva para seu empreendimento.

Robert A. McDonald

Diretor, presidente e CEO aposentado, The Procter & Gamble Company;

Oitavo secretário do Departamento de Assuntos dos Veteranos

Prefácio

Na primavera de 2015, um colega da Procter & Gamble e amigo próximo, Brent Duersch, e eu estávamos encerrando uma teleconferência com uma consultoria de primeira linha sobre como implementar a transformação disruptiva. Conforme Brent esticava o braço sobre a mesa para encerrar a chamada, ele riu, "Ou estamos deixando algo passar, ou nenhum deles realmente fez uma transformação digital". Aquela era nossa décima chamada em três dias com organizações que tinham passado por uma grande transformação exitosa ou, supostamente, possuíam uma arquitetura provada sobre como realizá-la.

Brent e eu estávamos tentando juntar as peças da metodologia de "como" realizar uma transformação disruptiva para nossa organização de Unidades de Negócios Globais (Global Business Services), que tinha de ser bem-sucedida, sustentável e escalonável. Estávamos começando a perceber que, embora houvesse algumas pepitas a serem conquistadas nas reuniões, talvez não conseguiríamos encontrar a resposta que estávamos procurando.

Quatro anos depois, percebo agora que aquela nossa situação é muito comum no mundo atual. Executivos, empresários, líderes do setor público, acadêmicos e até novos contratados em organizações percebem completamente o poder disruptivo dos recursos digitais hoje em dia. Eles sabem que isso representa a preeminente ameaça disruptiva de nossa geração, assim como a maior oportunidade. Eles realmente querem transformar seus trabalhos e suas vidas, mas a pergunta insistente é: "Como?"

Talvez você seja um líder que já investiu tempo, dinheiro e credibilidade pessoal na transformação digital. No entanto, há uma dúvida irritante de que há algo errado, porque, embora você veja um sucesso ocasional, ele não faz nem cócegas em seu modelo de negócios geral. Enquanto isso, o tempo não para e disrupções em grande escala de empresas, setores, sociedades e vidas pessoais continuam inabaláveis. Nomes icônicos como Sears, Macy's, Neiman Marcus, Tiffany e Harley-Davidson continuam batalhando. Depende de nós, enquanto líderes, determinar se nossas organizações sucumbirão ou prevalecerão na oportunidade da vida.

Acredito firmemente que cada mudança é uma oportunidade, e, por essa conceitualização, esta é uma oportunidade com proporções históricas. Minha carreira de 27 anos na P&G me concedeu vastas experiências, que vão da transformação digital das vendas em partes da África até o uso de IA para automatizar partes das operações de cadeia de suprimentos no mundo todo. Isso me permitiu estar na linha de frente das negociações de terceirização multibilionárias que reestruturariam o setor e de programas radicais de mudanças, como a integração dos sistemas de US$10 bilhões da Gillette à P&G, quando era CIO da Gillette. Essas experiências me deram uma base única para que resolvesse a questão de como as organizações podem enfrentar a maior questão gerencial de mudança em suas vidas: transformar o núcleo de suas operações para uma estrutura totalmente digital.

Então, em vez de perdermos as esperanças pela falta de bons insights em nossas reuniões, Brent e eu reforçamos nossa estratégia. Nos meses seguintes, fizemos reuniões com mais de cem entidades, incluindo analistas industriais, parceiros estratégicos, instituições de pesquisa, universidades, empresas pares, investidores de risco, aceleradores e mais. Juntando as pepitas de conhecimento desse grupo todo com nossa experiência em primeira mão da P&G, adquirida com o tempo, alguns insights claros emergiram. Primeiro, há graus diferentes possíveis de transformações, e é preciso ser diligente ao visar uma transformação completa e sustentável durante esses tempos disruptivos. Segundo, a razão surpreendente pela qual 70% de todas as transformações digitais fracassam é a falta de disciplina. E terceiro, é possível aplicar abordagens que comprovadamente reduzem a taxa de fracasso, como o modelo de checklist disciplinada do setor de aviação, para melhorar de forma significativa as chances de sucesso nas transformações digitais.

Caso seja líder empresarial, empresário, executivo ou gestor de pessoas; caso trabalhe em ambientes corporativos, no governo, nas instituições de ensino ou no setor sem fins lucrativos; caso acredite que a transformação digital é o desafio máximo de nossa geração e que a questão não é "se", mas "como"; caso esteja interessado em ouvir a respeito de como outras organizações e pessoas ao longo de gerações resolveram essa questão, então, este livro será de seu interesse.

Na medida em que minha jornada pela transformação digital dos serviços compartilhados da P&G foi se expandindo, após 2015, Brent continuava dizendo, em tom de piada, que talvez seria bom documentar nossa abordagem. "Escreva um livro", disse. Achei divertido. "Eu?", perguntei. "Nunca escreverei um livro."

Acho que me precipitei quanto ao assunto.

Como Ler Este Livro

Este livro serve para todos que compreendem por completo a urgência da transformação digital e estão interessados em vencer as deploráveis chances de sucesso nesse assunto. Ele vai ajudá-lo a definir o objetivo final correto para a transformação digital, onde o digital se torna o "DNA vivo" de seu empreendimento. Além disso, lhe proporcionará uma abordagem de checklist disciplinada sobre como exatamente chegar lá.

A estrutura deste livro reproduz o modelo em cinco estágios para a maturidade da transformação digital. A parte I estabelece o cenário, primeiramente descrevendo o dilema enfrentado pelos Global Business Services da P&G para conduzir uma transformação digital perpétua e, depois, apresentando o modelo em cinco estágios para a transformação digital e os passos específicos da checklist que podem ser usados para alcançar o sucesso. Na sequência, a parte II explora os cinco estágios da transformação digital em detalhes. Para cada estágio, dois capítulos descrevem as duas disciplinas mais importantes necessárias para o sucesso. Por último, a parte III demonstra como todas essas disciplinas podem ser agregadas para lidar sistematicamente com a ameaça da Quarta Revolução Industrial.

Meu objetivo principal é oferecer ferramentas e ideias práticas, testadas e confiáveis sobre como prosperar na transformação digital. Há dois recursos disponíveis ao final do livro, "Checklist das Surpreendentes Disciplinas" e "Como Usar as Cinco Tecnologias Mais Exponenciais", que acredito que você considerará úteis. No entanto, o formato e o tamanho do livro em si são uma limitação. Convido-o a visitar meu site www.tonysaldanha.com [conteúdo em inglês], no qual mais exemplos, ferramentas e materiais estão disponíveis, além de informações sobre como me contatar para obter novidades.

Parte I

Por que as Transformações Digitais Dão Errado e o que Fazer Nessa Situação

Capítulo 1

Como Sobreviver a uma Revolução Industrial

"Odeio fazer compras", resmunguei a mim mesmo enquanto observava, horrorizado, as portas fechadas da Macy's, loja localizada no centro de minha cidade natal, Cincinnati. Deixe-me esclarecer: não gosto de fazer compras, mesmo nas melhores ocasiões. E, no entanto, esse evento era mil vezes pior. Talvez você se recorde da reação de Indiana Jones em Os Caçadores da Arca Perdida, quando ele lança sua tocha no Poço das Almas para ver o que havia lá embaixo, antes de descer, e descobre que o chão está se movendo porque estava coberto por milhares de serpentes. "Cobras", ele diz. "Por que tinham de ser cobras?" Suspeito que meu rosto estava acometido pela mesmíssima expressão naquele dia. No filme, o escudeiro fiel de Indiana, Sallah, ainda diz, inutilmente: "Víboras. Perigosíssimas. Você vai primeiro." É geralmente assim que me comporto quando tenho que fazer compras, cutucando minha esposa para que vá na frente, só que ela também não tem o maior dos apreços pela atividade.

Não dava para usar a tática "estou bem atrás de você" naquele dia. Tinha a missão de comprar um presente para ela, em uma comemoração importantíssima de nosso aniversário de casamento, que era bem naquele dia. Para variar, tinha toda a função da compra do presente sob controle, ou pelo menos era o que achava. Durante outra expedição que havíamos feito naquela mesma loja da Macy's, nos deparamos com o presente que queria dar a ela. Sabia que ela havia gostado. Para piorar as coisas, já tinha inclusive dado dicas de que aquele seria o presente de aniversário de casamento. Hoje era o dia D, e havia planejado comprá-lo no retorno para casa.

Exceto que, quando cheguei na loja, estava fechada. Tipo, para sempre. Recordei-me vagamente do anúncio feito alguns meses antes de que essa loja no centro de Cincinnati era uma das centenas de lojas da Macy's que seriam fechadas nos EUA. Agora, com a esperança de que outras lojas teriam o presente de que precisava, comecei a buscá-lo freneticamente online. Estava disponível, só que, neste mundo abarrotado de canais de vendas, não estava em estoque em uma loja física. Teria que fazer o pedido online e ir retirar na loja, mas só após cinco dias úteis. O site prometia uma "garantia de entrega pontual". Como se isso fosse me ajudar naquela compra de última hora!

Dirigindo para casa com o papel impresso contendo o pedido como símbolo do aniversário de casamento, fiquei pensando sobre a ironia do "apocalipse do varejo"[1] — termo cunhado pela mídia para descrever o fechamento em massa de lojas físicas de varejo na América do Norte — voltando para atingir uma das poucas pessoas que, até então, estava totalmente indiferente ao fato.

Apocalipse do Varejo: Um Sintoma da Quarta Revolução Industrial

A agência de imóveis Cushman & Wakefield estimou que 12 mil lojas de varejo fechariam em 2018 nos EUA, face a 9 mil em 2017. Isso inclui várias redes emblemáticas, como Sears, Mattress Factory, Brookstone, Rockport, Southeastern Grocers, Nine West e Bon-Ton em 2018.[2] Isso aconteceu após o fechamento de outras marcas importantes nos dois anos anteriores, como Toys "R" Us, Payless ShoeSource, hhgregg, the Limited, Aéropostale, Sports Authority e Radio Shack. O setor varejista continua entre os primeiros na lista de falências nos EUA, ao lado do setor de energia. A Investopedia denominou 2018 como o ano das falências do varejo.[3]

O setor de varejo é um dos vários que está passando por uma disrupção nos EUA e no mundo todo. Como bem sabemos, os setores de mídia, telecomunicações, hotelaria, automotivo, financeiro, saúde, produtos de consumo, educação, manufatura e logística estão sendo afetados, e esses tampouco são os únicos. Amplie esse panorama um pouco mais e verá uma tendência mais ampla alterando o modo como vivemos, trabalhamos e nos comunicamos. É a Quarta Revolução Industrial.

A Quarta Revolução Industrial faz com que a tecnologia digital transforme e mescle os mundos físico, biológico, químico e da informação. É uma força para novas oportunidades em massa, em todas as áreas valorizadas pela sociedade — tudo que envolva desde conveniência (compras online) e melhorias de saúde (biotecnologia) até segurança pessoal (casas digitalizadas), segurança de alimentos (agrotecnologia), e assim por diante. A tecnologia digital liberta os trabalhadores de funções entediantes, oferecendo-lhes a oportunidade de migrarem para responsabilidades com maior valor agregado. Assim como em qualquer tecnologia nova e poderosa, certamente há potencial para usos destrutivos (armas, bebês planejados geneticamente, perda de privacidade, favorecimento dos piores impulsos humanos nas mídias sociais). Depende de nós saber em qual altura o bem vence o mal, e, no momento, é algo desconhecido. No entanto, uma coisa é certa: isso trará uma mudança drástica. Da mesma forma que nas outras três revoluções industriais, os indivíduos e as sociedades serão afetados significativamente e as empresas se transformarão, ou morrerão. É aí que este livro entra em cena.

Como Prosperar em uma Revolução Industrial

Este livro trata de compreender por que as transformações digitais dão errado como um meio para um fim mais importante, que é como prosperar em uma revolução industrial. Para tanto, ele se desenvolve sobre cinco fundamentos principais:

- Em revoluções industriais, ou as empresas se transformam, ou morrem.
- A transformação digital é a tentativa feita pela geração atual de se transformar face à Quarta Revolução Industrial.

- Cerca de 70% de todas as transformações digitais dão errado.

- A surpreendente resposta sobre por que as transformações digitais dão errado é que há uma falta de disciplina para definir e executar os passos certos a fim de que as transformações digitais levantem voo e se mantenham à frente.

- É possível aplicar a metodologia comprovada da checklist, proveniente da área médica e das linhas aéreas, para melhorar a taxa de 70% de fracasso.

A batalha para prosperar na Quarta Revolução Industrial não será fácil, mas é possível. Certamente podemos fazer muito melhor do que a atual taxa de 70% de fracasso,[4,5] conforme aprendi com minha experiência na Procter & Gamble. O objetivo vale a pena. Não está em jogo apenas a ameaça existencial às empresas privadas e seus funcionários, mas o poder para moldar produtos, influenciar a autoestima do funcionário e do consumidor, enaltecer as sociedades e deixar o mundo em um estado muito melhor do que quando começamos. Para iniciar, vamos aprofundar os fundamentos mencionados anteriormente.

A Turbulência Setorial Acontece em Todas as Revoluções Industriais

A turbulência atual no varejo e em outros setores é uma tendência clássica durante uma revolução industrial. Foi o que aconteceu em outras revoluções industriais, embora os determinantes tecnológicos da mudança fossem diferentes. As empresas morrem durante as revoluções industriais. Obviamente, não morrem sem lutar. Sua extinção geralmente ocorre, a despeito dos esforços de líderes respeitados, visionários e inovadores, para transformar suas empresas. Isso também é fato mesmo antes das revoluções industriais, como veremos mais adiante neste capítulo. Algumas logram êxito, mas infelizmente a maioria, não.

Setenta Por Cento de Todas as Transformações Digitais Dão Errado

Como mencionei anteriormente, a transformação digital é a luta moderna pela sobrevivência em meio à ameaça existencial da disrupção digital causada pela Quarta Revolução Industrial. Metade das empresas listadas na Fortune 500 sofrerá uma reviravolta na próxima década. A disrupção chegou, é enorme e urgente. Conforme o Credit Suisse,[6] o tempo médio de vida de uma empresa da S&P 500 hoje é de 20 anos, em comparação a 60 anos na década de 1950, e a taxa está caindo muito rapidamente. Empreendedores, diretorias, executivos e organizações públicas são ativamente consumidos por essa questão. No entanto, a triste verdade é que 70% de todas as transformações digitais ainda fracassam atualmente. Alguns dizem que esse número é 84%.[7] É um número chocante, considerando tudo que está em jogo. Precisamos melhorar!

Como a Linguagem Atrapalha o Sucesso da Transformação Digital

Essa mistura explosiva de uma era altamente disruptiva com taxas baixas de sucesso nas transformações em nossos dias é fascinante. Parte da questão é de terminologia. A maioria

6 Por que as Transformações Digitais Dão Errado

das pessoas não percebe que a disrupção digital é a Quarta Revolução Industrial. O termo "digital" é muito amplo. Usávamos relógios digitais nos anos 1970, e temos telefones e termômetros digitais já há alguns anos. Não seria a transformação digital um prato requentado?

Para trazermos uma definição mais contundente para o termo "transformação digital", precisamos colocá-lo no contexto de uma mudança mais ampla que afeta nossa vida com base no conceito das revoluções industriais.

- *Primeira Revolução Industrial*: A evolução da sociedade nos séculos XVIII e XIX, deixando de ser praticamente agrária para se tornar industrial e urbana, impulsionada em grande parte pelas inovações mecânicas como o motor a vapor.

- *Segunda Revolução Industrial*: O crescimento explosivo das indústrias a partir do fim do século XIX até a Primeira Guerra Mundial. Isso foi impulsionado pelas técnicas de produção em massa, energia elétrica e motor de combustão interna.

- *Terceira Revolução Industrial*: A mudança difundida com os computadores pessoais e a internet, devido às novas tecnologias eletrônicas, com início nos anos 1980.

- *Quarta Revolução Industrial*: A fusão atual dos mundos físico, digital e biológico. O maior fator impulsionador é a disponibilidade de uma enorme capacidade computacional a custos insignificantes, e cada vez menores. Dessa forma, o que costumava ser físico (lojas de varejo, por exemplo) pode ser digital (compras online), ou o que costumava ser puramente biológico (medicina tradicional) agora pode ser biotecnológico (medicação genética personalizada).

Neste contexto, os termos "disrupção digital" e "transformação digital" ficam fáceis de serem definidos.

- *Disrupção digital*: O efeito da Quarta Revolução Industrial nos cenários dos setores corporativos e públicos. Uma tecnologia digital cada vez mais disseminada e barata está causando mudanças industriais, econômicas e sociais em âmbito global. Essa mudança explosiva aconteceu apenas nos últimos 10 ou 20 anos.

- *Transformação digital*: A migração de empreendimentos e sociedades, saindo da terceira para a quarta era da Revolução Industrial. Para as empresas, isso significa fazer com que a tecnologia digital seja a espinha dorsal de novos produtos e serviços, de novas formas de operação e novos modelos de negócios.

Armados com essa definição de transformação digital, agora podemos voltar às revoluções industriais em busca de lições sobre por que as transformações geralmente dão errado.

A Incapacidade da John Stephenson Company de Alçar Voo com Sua Transformação

A respeitável John Stephenson Company era uma das líderes do setor de carruagens que morreu durante a Segunda Revolução Industrial. E não foi a única; bem poucas empresas do setor sobreviveram àquela era. A metamorfose do setor de transportes, saindo de carruagens para automóveis, é um dos estudos de caso mais bem documentados da Segunda Revolução Industrial e, portanto, oferece-nos vários insights fascinantes.

O setor de carruagens e cavalos não era apenas de transportes pessoais nos anos 1800; era o alicerce do setor de transportes (bens, por exemplo), de informação e comunicação (transporte de jornais e correspondências) e de setores secundários (alimentação dos cavalos). Em 1880, apenas no Brooklyn e em Manhattan, havia 249 fabricantes de carruagens.[8] A disrupção desse setor seria algo muito impactante.

Nos anos 1890, a Times Square, em Nova York, era *o* lugar para vendas e reparos de carruagens. Os ferreiros disputavam a atenção das pessoas, logo ao lado das lojas de carruagens. Estima-se que, em 1914, havia 4,6 mil empresas de carruagens nos Estados Unidos. Durante os 11 anos seguintes, o número despencou para apenas 150![9] Infelizmente, a John Stephenson Company não estava entre as sobreviventes.

John G. Stephenson começara sua empresa em 1831. Durante várias décadas seguintes, seu negócio cresceu rapidamente, passando a fabricar carruagens, ônibus (com tração animal), vagões, bondes (carruagens que rodavam nas linhas de trem) e até carruagens de guerra e pontões durante a Guerra Civil. Suas carruagens eram vendidas no Reino Unido, México, Cuba, África do Sul, Europa, Rússia Oriental, Japão e Índias Orientais. Como qualquer outro empreendimento, a John Stephenson Company oscilava conforme a economia, mas, sob a liderança determinada de Stephenson, a empresa manteve uma posição forte no mercado de carruagens — isto é, até o final do século, quando o próprio setor de transportes entrou em uma era turbulenta durante a Segunda Revolução Industrial. A empresa voluntariamente declarou falência. Ela foi, então, adquirida pela J. G. Brill Company, da Filadélfia. Porém, tampouco durou. Finalmente, em agosto de 1919, as instalações de Stephenson foram vendidas e a empresa foi liquidada.

Várias lições podem ser extraídas dos esforços de empresas como a John Stephenson Company para afastar a disrupção durante uma revolução industrial. Seu desaparecimento pode ter sido causado por uma tecnologia diferente (motores de combustão, e não digitais), mas o fracasso das transformações durante qualquer revolução industrial possui várias coisas em comum.

Por exemplo, a morte da John Stephenson Company nos ajuda a distinguir entre os inovadores de sucesso dentro de modelos de negócios *atuais* e as transformações para *novos* modelos durante as revoluções industriais. Stephenson foi muito inovador no setor de carruagens. Ele

Por que as Transformações Digitais Dão Errado

construiu o primeiro bonde que rodou sobre trilhos nos EUA. Há, pelo menos, 18 patentes atribuídas a ele. Sua empresa inovou com êxito em suas operações e produtos diversas vezes, de ônibus com tração animal a carruagens em trilhos puxadas por cavalos, a bondes elétricos. Em última instância, a questão não tinha nada a ver com a habilidade de inovação da John Stephenson Company durante a era do setor de carruagens; foi sua *incapacidade* de se transformar e adaptar à era do motor de combustão. Nunca houve um esforço transformacional disciplinado para evoluir do setor de carruagens para o automotivo.

A transformação durante as revoluções industriais demanda uma estratégia diferente da inovação dentro do modelo atual de negócios.

Para que uma transformação impulsionada por uma revolução levante voo, faz-se necessária uma estratégia de modelo de negócios que seja diferente, disciplinada e nova. Essa foi uma questão recorrente na falência da maioria das empresas de carruagens. Dito isso, *criar* estratégias novas para um plano de negócio diferente é apenas o preço de entrada. A *execução* disciplinada dessa nova estratégia é igualmente importante, como ilustro com a história a seguir.

A Incapacidade da Studebaker de Sustentar Sua Transformação

Para a maioria de colecionadores de carros clássicos, a Studebaker possui um lugar muito especial. A empresa era a Apple de sua época — distinta em seus designs, excelente em sua qualidade e, talvez, ainda mais valiosa do que a Apple é hoje. Os carros da Studebaker dos anos 1950 ainda são considerados os melhores automóveis da história!

A empresa também foi a única grande empresa de carruagens que fez uma transição direta e bem-sucedida da fabricação de carruagens para a fabricação de automóveis.

A Studebaker Corporation tinha um engenheiro desenvolvendo um automóvel desde 1897. Sabe-se que a empresa produziu tanto automóveis como vagões no início dos anos 1900. Ela testou carros elétricos e movidos a gasolina, e acabou ficando com a segunda opção. A produção de vagões acabou em 1920[10] e, depois disso, a Studebaker Corporation concentrou suas atenções apenas em automóveis.

Porém, como bem sabemos, a Studebaker não produz mais carros hoje. Embora eles tenham claramente se adaptado para a era dos automóveis e certamente tivessem os melhores produtos, a empresa nunca dominou o modelo de negócios para que as margens de lucro pudessem ter escalabilidade e sustentação. A produção de carros continuou até os anos 1960. Suas instalações em Hamilton, Ontário, Canadá, fecharam em 1966, por fim encerrando uma história de 114 anos de veículos Studebaker.

A empresa conseguiu passar para o ramo de automóveis, mas não conseguiu progredir nele. Não havia um plano de escalabilidade de longo prazo que fornecesse propostas de valor contínuas e viáveis para seus consumidores. Por exemplo, o conselho de administração constantemente preferia pagar grandes dividendos aos acionistas em vez de reinvestir na modernização das fábricas.[11] Suas concorrentes, GM e Ford, eram muito mais agressivas, tanto na eficiência operacional como nos preços, e, desta forma, triunfaram.[12]

A verdadeira transformação deve incluir recursos de desenvolvimento para você ficar à frente de seus concorrentes em longo prazo.

A transformação exitosa durante uma revolução industrial é boa, mas os líderes de mercados sustentáveis precisam dar um passo adiante. Eles precisam sustentar o modelo de negócios. A transformação será incompleta caso o novo modelo de negócios não possa ser desenvolvido com um olho na evolução perpétua.

Como Levantar Voo *e* Manter-se à Frente Durante uma Revolução Industrial

A transformação da John Stephenson Company não conseguiu sair do chão, enquanto a Studebaker Corporation fracassou em se manter à frente. Em longo prazo, a única coisa que importa é a habilidade que um empreendimento tem de alcançar um estado zen de liderança perpétua de inovação, que chamo de transformação digital "Estágio 5". O modelo de transformação digital em cinco estágios será desenvolvido mais a fundo nos próximos capítulos, e compõe a própria estrutura organizacional deste livro, juntamente com as disciplinas de produzir transformações de sucesso. Por enquanto, é suficiente enfatizar a importância do estabelecimento deliberado de um objetivo para alcançar a transformação de Estágio 5, ou o vencimento perpétuo como o resultado mais desejável de qualquer transformação. Uma única transformação exitosa não é suficiente para suportar as disrupções sucessivas que ocorrem em cada revolução industrial. A chave é conseguir diferenciar o que é *levantar voo* e *manter-se à frente*.

- *Levantar voo*: Este é o ponto crítico para que a operação de um empreendimento tenha sucesso na transição de uma geração da revolução industrial para a próxima. Usando a analogia do avião, o modelo operacional do empreendimento levanta voo de um estado (chão) para outro (voo). A John Stephenson Company fracassou nesse estágio.

- *Manter-se à frente*: Desenvolvendo a analogia do voo, uma decolagem de sucesso deve ser seguida por um voo sustentado. A Studebaker não conseguiu alcançar o estado de manter-se à frente. Alcançar esse penúltimo estágio de sucesso é bom por um curto período, mas não garante a sobrevivência contínua durante épocas de rápidas mudanças. A questão é que você sofrerá disrupção na próxima mudança de tecnologia, produto ou ambiente empresarial.

Há duas formas de as transformações digitais darem errado. A falta de disciplina faz com que, primeiramente, elas não consigam levantar voo e, depois, falham para manter o impulso, e acabam sofrendo a queda.

Esses dois desafios prevaleciam em minha cabeça no ano de 2015, quando aceitei o desafio de deliberadamente causar disrupção na melhor Unidade de Negócios Globais da Procter & Gamble.

Aplicando uma Transformação de Sucesso nas Unidades de Negócios Globais da Procter & Gamble

Era início de 2015, e eu havia trabalhado na icônica Procter & Gamble Company por 24 anos. Como vice-presidente da organização multibilionária de Serviços de Negócios Globais (Global Business Services — GBS), tive o grande privilégio de participar, ao longo dos anos, na formação da organização de GBS da P&G, líder de setor. Uma organização de GBS fornece operações escalonadas que variam de recursos humanos, finanças, sistemas de manufatura, sistemas de marketing e vendas a tecnologias de informação para todas as unidades da empresa globalmente. Os GBS da P&G estavam significativamente à frente da maioria das organizações semelhantes, e havíamos influenciado a própria criação desse setor, mas isso não era garantia de que venceríamos durante a Quarta Revolução Industrial. O próximo capítulo trará detalhes sobre as circunstâncias que nos levaram a tomar a decisão de causar uma disrupção em nós mesmos, e como fizemos isso. Essa experiência trouxe insights sobre como executar uma transformação digital de sucesso.

Desde o princípio, a principal pergunta em minha mente era como executar uma transformação que seria contínua e perpétua. Houve algumas tentativas anteriores de causar inovações disruptivas na organização de GBS. Elas resultaram em algumas ótimas inovações, mas nunca a um nível que conduzisse a transformação escalonada e perpétua da unidade inteira. Nossa tentativa tinha de ser exitosa tanto ao levantar voo como ao manter-se à frente.

A Surpreendente Resposta sobre Como Levantar Voo e Manter-se à Frente nas Transformações Digitais

O desafio de escalonar inovações com excelência me trouxe um insight fascinante. Sempre fui fascinado por aviões; tudo bem, sou aficionado por aviões, verdade seja dita. Percebi que os estágios planejados para o sucesso da transformação digital da divisão Global Business Services da P&G seriam como os passos necessários para realizar uma decolagem bem-sucedida de uma aeronave.

Por mais que quisesse acreditar que esse insight era único e brilhante, a realidade mostra outra coisa. Alguns meses atrás, conheci o influente livro do Dr. Atul Gawande, *Checklist: Como fazer as coisas benfeitas.* Seu trabalho contribuiu para que o setor de saúde reduzisse significativamente os erros. A premissa do Dr. Gawande era precisa — uma checklist leva a um sucesso reproduzível nos empreendimentos complexos. Percebi que a abordagem disciplinada para a redução de falhas com a aplicação do modelo de checklist das linhas aéreas em outros campos não era algo inédito. Por outro lado, era uma forte validação do que poderia ser feito na área de transformação digital.

A surpreendente resposta para conseguir a transformação perpétua era *disciplina* — tanto para levantar voo como para manter-se à frente.

Durante os três anos seguintes ao lançamento da iniciativa de mudança nos GBS, ficou mais do que claro que a resposta à questão da transformação digital perpétua seria a execução disciplinada. A solução para resolver as questões de confiabilidade no setor de aviação e, mais recentemente, no setor de saúde, também se mostrou válida para reduzir as taxas de fracasso de transformações digitais.

Isso faz total sentido lógico. De acordo com a revista *The Economist*, 99,99%[13] das decolagens de aeronaves são exitosas, enquanto apenas 30% das transformações digitais podem dizer o mesmo. Os esforços para as transformações digitais eram inerentemente mais complexos por envolverem mais decisões? Absolutamente! Por outro lado, a taxa de sucesso de 99,99% nas decolagens era apenas uma utopia quando o setor de aviação estava começando. Foi preciso uma quantidade imensa de trabalho duro por décadas para estruturar tarefas, até então dependentes de decisões, em rotinas mais simples. Foram aplicadas várias tecnologias para automatizar muitas delas. E o que não foi automatizado entrou em uma checklist para apresentar uma execução previsível.

Concluindo

Não há dúvidas de que a Quarta Revolução Industrial mudará drasticamente o cenário da indústria, assim como as revoluções anteriores o fizeram. A história já provou que as organizações que sofrem uma disrupção não são, necessariamente, pegas de surpresa. Da mesma forma que com a John Stephenson Company e a Studebaker, as organizações geralmente preveem esse acontecimento. Talvez até logrem êxito ao se transformarem uma ou duas vezes. Mas chega um momento em que fracassam, seja ao fazer com que suas transformações levantem voo ou mantenham-se à frente. O motivo subjacente de 70% das transformações digitais darem errado é a falta de uma disciplina suficiente. Não há rigor o bastante na decolagem da transformação digital, tampouco para manter-se à frente.

Isso pode ser resolvido com a abordagem da checklist disciplinada — influenciada pela mesma metodologia que tem sido aplicada com sucesso no setor de aviação e no campo médico. Para executar a abordagem da checklist, o livro apresentará um guia em cinco estágios para alcançar o sucesso na transformação digital, definida como a habilidade de vencer na Quarta Revolução Industrial.

Capítulo 2

As Disciplinas para Chegar à Transformação de Nível 5

Era janeiro de 2015 e Julio Nemeth, o recém-chegado presidente de Serviços de Negócios Globais na Procter & Gamble, ponderava sobre um problema irônico. Ele estava assumindo uma organização que já era, por todos os referenciais externos, a melhor possível no setor de serviços compartilhados. Seu predecessor, Filippo Passerini, havia deixado uma organização GBS invejável e globalmente premiada, que havia moldado o próprio setor em sua trajetória.

O problema de Nemeth era simples: como melhorar ainda mais um modelo de negócios que já era líder do setor. O conselho dos consultores externos para ele era "fazer mais do mesmo", uma vez que o modelo atual da P&G obviamente funcionava de forma brilhante. No entanto, inovador como era, ele sabia que uma disrupção a partir de uma posição de força é sempre preferível do que repousar em seus lauréis.

Contexto do Setor de Serviços Compartilhados

Para entender melhor o dilema de Nemeth, seria útil fazer uma breve digressão quanto ao setor de serviços compartilhados e, por extensão, aos Serviços de Negócios Globais da P&G.

Os serviços compartilhados são um conceito que permite que os empreendimentos conduzam eficiências de escala ao compartilhar serviços internos como finanças e contabilidade, gestão da cadeia de suprimentos, sistemas de RH, serviços de TI ou gestão de atendimento ao cliente em todo o empreendimento. A unidade de serviços compartilhados se torna um fornecedor de serviços internos para outras unidades empresariais dentro do empreendimento e fica responsável por entregar os serviços com custos, qualidade e prazo significativamente melhorados. As estratégias comuns empregadas são juntar serviços similares em todas as unidades empresariais do empreendimento (folha de pagamento, por exemplo) e, então, simplificar, padronizar, centralizar e automatizar esses processos.

A Evolução dos Serviços Compartilhados

Durante os últimos 30 anos, a maioria das organizações de serviços compartilhados evoluiu a partir de três estágios. O ponto de partida comum são os serviços compartilhados fragmentados, em que um conjunto limitado de serviços (apenas finanças e contabilidade, por exemplo) ou uma localização geográfica limitada está disponível. Com a maturidade, isso evolui para o segundo estágio de serviços globais ou totais, em que todos os tipos de serviços e todas as localizações geográficas são otimizados. O terceiro estágio de maturidade é o de serviços de negócios globais, em que a organização de serviços organizados se torna não apenas um "provedor de serviços" com custo menor para a empresa, mas também um agente de transformação proativa do empreendimento. Isso se dá por meio de ações como empregar funções mais fortes de governança (por exemplo, definição de padrões de processo em todas as unidades), encabeçar os serviços de transformação da empresa (ajudar outras empresas a se digitalizar) e gerar valor de primeira linha (usar inteligência analítica para aumentar as vendas).

A unidade de Serviços de Negócios Globais havia alcançado o estágio três de maturidade mais de uma década atrás. Ela era extremamente ampla em seu escopo, possivelmente uma das mais amplas no mundo. Eram cerca de 160 "serviços" oferecidos para as unidades da P&G em mais de 100 países. Por exemplo, um "serviço" poderia ser a administração de prédios e instalações, ou *business analytics* de folha de pagamento e vendas. Esses serviços eram agrupados em "linhas de serviço", como Serviços de TI, Serviços Financeiros Compartilhados, Serviços Compartilhados de Suprimento de Cadeia, e assim por diante.

A Quarta Revolução Industrial Também se Aplica aos Serviços Compartilhados

Nemeth não estava convencido de que os estágios de maturidade do setor de serviços compartilhados devessem parar no três. Conhecendo o poder disruptivo da revolução digital, seu questionamento era se não seria possível criar um novo quarto estágio da evolução dos GBS. Isso não se aplicaria apenas para a P&G, mas para todo o setor. Ele me colocou nessa empreitada e, juntos, criamos a organização de Serviços de Nova Geração (Next Generation Services — NGS) para encontrar e executar a próxima grande disrupção para os serviços compartilhados.

Naquela época, estava trabalhando na Procter & Gamble há 24 anos. Durante o período, tive o privilégio de viver em seis países, trabalhar em uma dezena de funções na empresa e gerenciar os GBS e a TI para todas as regiões do mundo. Fiquei encantando pela oportunidade de transformar o próprio modelo de GBS.

Inventando a Próxima Geração de Serviços Compartilhados

Começamos com uma pergunta simples: por que as forças disruptivas impulsionadas pela tecnologia, que estava atuando em praticamente todos os setores, não estava causando disrupção no setor de serviços compartilhados? De todos os setores, era exatamente o de serviços compartilhados que deveria ter sofrido uma disrupção mais rápida e profunda, uma vez que sua essência era basicamente de operações de informações e dados (por exemplo, contabilidade, folha de pagamento, TI etc.).

Há quatro anos na jornada de transformação digital, temos a certeza de que existe, de fato, um quarto estágio. Por meio do trabalho que minha equipe de NGS fez na P&G, criamos e implementamos vários produtos de operações internas 10X (isto é, produtos que entregam um faturamento, lucro ou recursos centrados no funcionário dez vezes melhor). Ao longo da jornada, capturamos uma infinidade de aprendizados sobre a liderança de transformações digitais de sucesso. O que inicialmente conquistamos pela intuição e por tentativas e acertos, em breve foi codificado. Todas essas lições são a base das surpreendentes disciplinas de como levantar voo e manter-se à frente durante uma transformação digital.

No entanto, no ano de 2015, a transformação digital de GBS para o próximo estágio não passava de uma hipótese. Buscamos evidências externas de que isso pudesse ser provado ou refutado. A busca nos levou a Salim Ismail, diretor-executivo-fundador e "reitor" da Singularity University, além de ser autor de *Organizações Exponenciais*.[14]

As Organizações Exponenciais como um Possível Resultado Final para os GBS

Praticamente na mesma época em que estávamos buscando criar o próximo estágio de evolução dos serviços compartilhados, a equipe de liderança de GBS da P&G havia participado de uma palestra oferecida por Salim na Singularity University sobre organizações exponenciais. Fundada em 2008 por Peter Diamandis e Ray Kurzweil, a Singularity University (SU) é, na minha opinião, o principal laboratório de ideias sobre como as tecnologias disruptivas, englobando desde inteligência artificial a biotecnologia, podem mudar o mundo. Desde então, Salim não está mais na SU, mas nós dois acreditamos veementemente que nenhum líder inovador deve perder a chance de visitar a SU para aprender como sua empresa pode mudar de maneira drástica.

A apresentação de Salim foi, ao mesmo tempo, atordoante e assustadora. Ele falou sobre o ritmo exponencial da mudança, que é motivado por toda uma nova geração de tecnologias. A parte da análise que causou preocupação foi a percepção de como essas novas disrupções estavam tão próximas. Isso reforçou nossas crenças de que os GBS tinham que evoluir, e rapidamente.

Salim não apenas deixou a plateia de cabelo em pé, mas ofereceu ótimos insights sobre um possível resultado final dessas futuras organizações, usando como base seu livro *Organizações Exponenciais*. Isso trouxe à cena uma peça importante do quebra-cabeça. Os Serviços de Negócios Globais da P&G tinham que ser transformados em uma organização exponencial. Decidimos contratar Salim para nos ajudar a criar os Serviços de Nova Geração — a evolução dos Serviços de Negócios Globais.

Como as Organizações Exponenciais Podem Mudar o Mundo

Na definição de Salim, uma organização exponencial é aquela cujo impacto (ou resultado) é desproporcionalmente grande — pelo menos dez vezes maior — em comparação a seus pares, devido ao uso de novas técnicas organizacionais que potencializam as tecnologias exponenciais. As organizações com características e cosmovisões exponenciais estão na melhor posição para prosperar na era digital que se aproxima. Isso se dá porque, diferentemente das organizações tradicionais de comando e controle, as exponenciais são agências digitais com base em informações. Se as empresas tradicionais são impulsionadas pela escassez de recursos que estão sob seu controle, as organizações exponenciais prosperam em abundância ao adentrar no ecossistema maior. As organizações tradicionais se movem deliberadamente. As exponenciais são flexíveis, adaptáveis, ágeis e têm poucas barreiras de entrada em qualquer setor, de modo que crescem ostensivamente.

Por que as Organizações Exponenciais São Necessárias

Embora compreendamos intelectualmente o poder transformativo das tecnologias exponenciais, é fácil ignorar a proximidade de sua ameaça e quanto isso pode afetar os empreendimentos.

Veja alguns exemplos:

- O poder computacional disponível por R$1 mil continua a crescer exponencialmente. Até 2023, você poderá comprar os recursos de processamento de um cérebro humano inteiro! Dada a complexidade de um cérebro humano, isso é um marco gigantesco.

- Apenas 20 anos depois disso, você obterá a capacidade de computação de todos os cérebros humanos na terra por R$1 mil. Imagine como isso pode mudar o cenário de quadro de funcionários em uma organização.

- Em março de 2018, a IBM revelou o menor computador do mundo, com um milímetro de tamanho e custando apenas alguns centavos para ser fabricado. A Universidade de Michigan reagiu em junho daquele mesmo ano, apresentando sua versão, que teria um décimo do tamanho.

- A versão atual da IA do Google que joga vários jogos, o AlphaZero, aprendeu de forma autodidata a jogar xadrez em apenas quatro horas, e derrotou o melhor programa do mundo que joga xadrez, Stockfish 8, por 100 a 0. O AlphaZero já havia derrotado os melhores jogadores de Go, como o AlphaGo.

Isso é altamente relevante para as operações de um empreendimento. Imagine se os fabricantes pudessem colocar um computador minúsculo e barato em todos os produtos que vendem. O que isso poderia fazer pela eficiência da cadeia de suprimentos, do fornecedor ao consumidor? Ou considere as possibilidades de um programa autodidata de IA que pudesse se treinar rapidamente sobre questões complexas nas áreas financeira, atendimento ao consumidor, logística, médica ou jurídica para tomar decisões que, no momento, exigem um "julgamento" humano. Como seria o futuro do ambiente de trabalho se você pudesse comprar a capacidade de todos os cérebros humanos? Ou, ainda, quais mudanças ocorreriam nas operações de qualquer empreendimento caso o blockchain, a plataforma até o momento "não hackeável", pudesse conectar e permitir transações livres de erros para todos os fornecedores, consumidores e parceiros por um preço incrivelmente baixo?

É Possível Criar a Próxima Geração de Produtos de Serviços Compartilhados

Em poucos dias, estabelecemos os Serviços de Nova Geração e um canal externo de comunicação para aprender sobre as possibilidades de ideias 10X com mais de 100 organizações — consultorias, empresas parceiras, investidores de risco, startups, instituições financeiras e futuristas. O mês seguinte foi como uma montanha-russa, emocionante e aterrorizante, em que cada nova realidade digital nos dava um frio na barriga e nos fazia questionar se a revolução digital não seria ainda mais urgente do que pensávamos.

Uma dessas experiências aconteceu em abril de 2015. Estava tentando marcar uma reunião por e-mail com AJ Brustein, CEO de uma startup chamada Wonolo. Enviei um e-mail a ele sugerindo que tanto eu como um colega da P&G estaríamos abertos à possibilidade de falar por telefone. AJ respondeu: "Ótima ideia. Estou colocando Amy em cópia. Obrigado." Ele havia colocado Amy Imgram em cópia, que eu presumi ser sua assistente. Isso se deu em 10 de abril, uma sexta-feira. Para confirmar a disponibilidade, respondi para ele e Amy: "Obrigado, AJ, estarei fora na semana que vem, mas talvez possamos falar na semana seguinte?", e coloquei em cópia minha assistente administrativa, Kim. Mais tarde naquele mesmo dia, recebemos uma mensagem de Amy: "Fico feliz em ajudar com a agenda de AJ. Pode ser na segunda-feira, 20 de abril, às 11h? Se não der, AJ também tem disponibilidade na segunda-feira, 20 de abril, às 16h, ou na terça-feira, 21 de abril, às 10h. Incluirei o link com o número do telefone no convite." Kim respondeu o e-mail com um horário, e a reunião estava marcada. Nada de mais, apenas rotina normal de um dia no escritório. No entanto, um pouco depois naquele mesmo dia, um colega da P&G que estava em cópia nas mensagens pediu que eu verificasse a assinatura digital de Amy no e-mail: "Amy Ingram | Assistente Pessoal de AJ Bristein" e, logo abaixo, "x.ia — inteligência artificial que marca reuniões". Amy era um robô!

Fiquei boquiaberto! Esse foi um momento do tipo "Teste de Turing" para mim — o teste de 1950, que leva o nome de Alan Turing, é o desafio dos recursos de uma máquina para exibir um comportamento inteligente indistinguível do de um humano. Analisamos cuidadosamente as respostas de Amy. Suas mensagens exibiam uma perfeita linguagem comercial. "Ela" havia claramente "lido" e "compreendido" meu e-mail do dia 10 de abril, que não estaria disponível na semana seguinte e, portanto, sugeriu horários só na outra semana, do dia 20 e 21 de abril.

Se um robô conseguiu administrar o tipo de serviço executivo mais pessoal, então por que a IA não poderia realizar as denominadas decisões financeiras "baseadas em julgamentos" para os fornecedores e consumidores sobre contas a receber e a pagar? Por que não armar nossos compradores em suas funções com um "colega" de IA que pudesse compilar as informações mais recentes sobre fornecedores, materiais, tendências de preços e pagamentos, acrescentando sugestões e decisões? Já não conseguimos redefinir a experiência de usuário dos sistemas corporativos tradicionais da Idade da Pedra para a Siri? Não seria possível prever e autossolucionar a maioria dos apagões dos sistemas de TI em toda a P&G global? Será que os algoritmos conseguiriam replanejar nossa cadeia de suprimentos em tempo real?

O jogo havia começado! No entanto, havia um detalhezinho que teríamos que resolver: como exatamente faríamos isso?

Um Guia para a Transformação Digital

Aquela dúvida que tivemos no início de 2015 não é muito diferente da situação enfrentada atualmente pela maioria dos executivos, empreendedores e líderes do setor público. Como é possível conseguirmos sucesso na transformação digital? De acordo com a Economist Intelligent Unit, isso certamente é uma prioridade alta para a maioria dos CEOs.[15] Outro estudo, realizado pela Gartner,[16] diz que metade dos CEOs espera que seu setor seja transformado de forma substancial ou irreconhecível pelo digital. A questão não é mais se é necessário transformar-se, mas como realizar isso. E a frustração só aumenta, conforme o espaço entre compreender o quanto a transformação digital é crucial e os resultados reais das transformações exitosas fica cada vez maior.

A P&G e os GBS tiveram um longo histórico de experiências com inovações disruptivas. Sabíamos que as chances de uma verdadeira transformação digital para um estágio perpétuo contínuo de inovação tendem a ser baixas. Havíamos escutado sobre as taxas de 70% de fracasso nas transformações digitais e tínhamos experimentado um pouco do amargo sabor dessa dor.

Precisávamos de um guia. Algo que pudéssemos usar para articular e medir claramente as transformações digitais de sucesso, e que também nos mostrasse o passo a passo ao longo da jornada. Com o tempo, criamos esse guia. A execução disciplinada, inspirada pela metodologia da checklist da aviação, foi incorporada nele. Esse foi o modelo de operações para a organização de NGS.

Até hoje, esse modelo tem sido altamente exitoso na entrega de resultados disruptivos, tendo sido aplicado em mais de 25 experimentos (projetos) de inovação disruptiva em NGS, e aperfeiçoado com o tempo. (Projetos disruptivos eram chamados de "Experimentos" nos NGS, como parte de uma nova linguagem para a tomada inteligente de riscos.) Embora com o passar do tempo o modelo tenha evoluído significativamente a partir da experiência, ele basicamente nos forneceu as rigorosas disciplinas (passos da checklist) para entregar o sucesso (ou seja, alcançar a transformação de Estágio 5).

O Modelo da Transformação Digital em 5 Estágios

Lembre-se de que definimos a transformação digital no Capítulo 1 como a migração das organizações da Terceira Revolução Industrial para a Quarta. O capítulo também demonstrou que, para prosperar em períodos de revoluções industriais, a transformação deve ajudar a organização tanto a levantar voo como a manter-se à frente. Portanto, o único estágio final lógico das transformações digitais de sucesso deve ser alcançar o patamar de liderança perpétua de mercado a partir da inovação. Esse é o Estágio 5 da transformação digital.

Fixar a definição correta da transformação digital também nos ajuda a evitar o alarde de fornecedores e consultores de tecnologia que tendem a denominar seus serviços e produtos como "transformação digital". O modelo de transformação digital em cinco estágios na Figura 1 mostra uma maneira fácil de vermos a diferença entre estágios em processamento e o estágio final.

Capítulo 2 | As Disciplinas para Chegar à Transformação de Nível 5 19

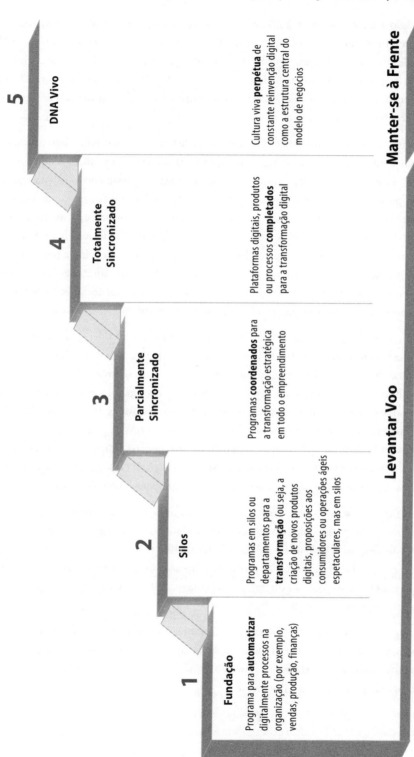

Figura 1 O modelo de transformação digital em cinco estágios

O Estágio 1 é a *Fundação*. É aqui que os empreendimentos automatizam ativamente os processos internos, como vendas, manufatura ou finanças, usando plataformas como SAP, Oracle, Salesforce ou similares. Aqui há mais automação (também chamada de digitalização) do que transformação, mas isso oferece a necessária fundação digitalizada para a futura transformação. A automação dos processos com o uso de plataformas digitais é necessária para converter esforços manuais em dados.

O próximo estágio é chamado de *Silos*, em que pode haver funções *individuais* ou quando as empresas começam a usar tecnologias disruptivas para criar novos modelos de negócios. Então, por exemplo, a função de manufatura pode ter feito progresso com o uso da Internet das Coisas para orientar grandes mudanças na forma da produção ou na gestão de logística, ou o gerente financeiro pode ter ouvido sobre blockchain e transformou a forma como realizam a contabilidade para as empresas do grupo no mundo todo. De forma alternativa, uma unidade empresarial dentro do empreendimento pode ter usado a tecnologia para criar um modelo de negócios inteiramente novo, como passar a fazer vendas diretas ao consumidor, eliminando os varejistas. A questão é que esses esforços são realizados em silos, e não há uma estratégia geral da companhia que esteja causando a transformação.

O Estágio 3 é a transformação *Parcialmente Sincronizada*. O líder, dono ou CEO do empreendimento reconheceu o poder disruptivo das tecnologias digitais e definiu um futuro estado digital. No Estágio 3, a organização começou a remar na mesma direção. No entanto, o empreendimento não completou sua transformação para uma estrutura digital ou para novos planos de negócios, muito menos a cultura ágil e inovadora pode se sustentar. Um bom exemplo disso é a transformação digital da GE que, no fim das contas, empacou neste estágio. O CEO Jeff Immelt definiu sua visão do futuro industrial digital. A empresa inteira começou a se mover em direção a uma única estratégia digital. No entanto, o novo modelo de negócios digital nunca atingiu a maturidade suficiente para criar raízes fortes.

O Estágio 4, *Totalmente Sincronizado*, marca o ponto no qual a plataforma digital de um empreendimento ou o novo modelo de negócios arraigou-se totalmente. No entanto, é uma única transformação. A próxima mudança de tecnologia (ou de modelo de negócios) que aparecer causará a disrupção. A única forma de sobreviver às ameaças das disrupções contínuas é fazer com que os recursos digitais e uma cultura ágil inovadora sejam parte contínua e integral do empreendimento.

O Estágio 5, ou *DNA Vivo*, é a etapa em que a transformação se torna perpétua. Você consegue manter a liderança contínua nas tendências setoriais, pois possui a disciplina de inovar constantemente e estabelecer as próprias tendências. Você não é apenas um líder no mercado; agora, é um inovador disciplinado.

Fazer as Coisas Digitalmente x Tornar-se Digital

Como transformar uma organização existente pode ser um desafio exaustivo, especialmente quando consideramos o imenso poder das tecnologias digitais! Elas possibilitam muitas coisas. Você deveria ir atrás de um novo modelo de negócios? Ou tentar expandir seu atual modelo de negócios com uma nova ideia? Seria, talvez, uma boa ideia ir em busca de uma versão digital de seu negócio vigente? A sabedoria comum diz que devemos criar uma estratégia digital separada para responder a essas questões.

Minha experiência mostra que isso é um erro. Recomendo, em vez disso, que você refaça sua atual estratégia de negócios para transformar-se totalmente, com o uso dos recursos digitais. A distinção não é apenas sutil. É a diferença entre "fazer" as coisas digitalmente e "tornar-se" digital. O objetivo de "tornar-se" digital é o segredo para alcançar a transformação digital perpétua. Uma organização pode "fazer" as coisas digitalmente como parte de uma única transformação, mas, para alcançar a liderança contínua no mercado, é necessário "tornar-se" digital.

A organização chega ao estágio de "transformar-se" quando o digital é o "DNA vivo" de suas operações. Uma nova estratégia digital pode resultar em uma única transformação de Estágio 4, mas é improvável que consiga uma transformação contínua de Estágio 5. Nesse estágio, o empreendimento "tornou-se" digital.

Uma maneira útil de diferenciar os cinco estágios da transformação é pensar sobre o que cada um *não* é. A Tabela 1 ilustra isso.

Tabela 1 Transformação digital: o que você está e não está fazendo

Estágios	O que Você Está Fazendo	O que Você Não Está Fazendo
1. Fundação	Você está melhorando sua tecnologia com as plataformas digitais mais recentes, incluindo nuvem, IA etc. Você está "digitalizando" suas operações. E pode ver benefícios enormes de "escala".	Você não está "transformando". Você não tem produtos, relações com consumidores ou operações que sejam digitalmente disruptivos.
2. Silos	Partes de sua organização estão testando modelos de negócios e produtos transformacionais. Isso está no topo da automação escalonada do Estágio 1.	Não há uma estratégia ampla no empreendimento para transformar completamente seu próprio modelo de negócios.
3. Parcialmente Sincronizado	Seu empreendimento possui um mix de modelos de negócios, processos e produtos antigos e novos — digitais. Todos seguem uma ampla estratégia corporativa.	Você não está totalmente investido em uma transformação completa ou capaz de afastar concorrentes rápidos e ágeis "digitalmente nativos".

Estágios	O que Você Está Fazendo	O que Você Não Está Fazendo
4. Totalmente Sincronizado	Você está entregando ao consumidor resultados líderes do setor, produtos digitalmente inovadores e a melhor eficiência operacional possível.	Você não está vencendo perpetuamente. Você está digitalmente otimizado para o momento, mas basta aparecer uma nova tecnologia, produto ou processo e sofrerá disrupção mais uma vez.
5. DNA Vivo	A operação digital está em seu DNA. Você é o líder supremo do mercado, sempre evoluindo. Sua operação é totalmente digital. Sua mão de obra é hábil do ponto de vista digital. Você fornece um valor criativo personalizado enorme para os consumidores. Possui o modelo de negócios mais inovador. E sua transformação está totalmente sincronizada e é contínua. Você mantém uma liderança nas tendências setoriais, com uma inovação disciplinada. Está um passo além de ser líder de mercado; você é um líder disciplinado de mercado, constantemente potencializando o digital.	Você não está estático. Seu empreendimento se transforma constantemente para ficar à frente da concorrência.

Maneiras de Chegar ao Estágio 5

O modelo de Transformação Digital 5.0 fornece um guia. Assim como em qualquer outro guia, há uma sequência de passos que não podem ser pulados. No entanto, a jornada certamente pode ser acelerada e alguns passos podem ser combinados para obter um efeito de salto turbinado.

A Figura 2 destaca as opções diferentes para chegarmos ao Estágio 5. As organizações tradicionais que desejam a transformação digital começam em qualquer estágio do 1 ao 4 e podem evoluir de maneira lenta ou rapidamente realizar o salto turbinado para o Estágio 5, o platô contínuo desejado. Por outro lado, as organizações digitalmente nativas e bem-sucedidas possuem uma vantagem inicial, pois já usam uma plataforma digital sincronizada. No entanto, elas também precisar mover-se para o Estágio 5.

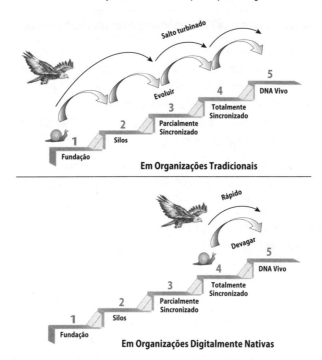

Figura 2 Maneiras de chegar ao Estágio 5

A menos que sua organização seja "digitalmente nativa" e bem-sucedida — ou seja, uma empresa que começou com uma plataforma digital e depois construiu um modelo vencedor e sustentável de negócios ao redor dela (como a Netflix) —, sua evolução digital precisará seguir este guia.

Desenvolvendo o Modelo de Cinco Estágios e Disciplinas

A Transformação Digital 5.0 oferece um guia para ajudar a estabelecer o resultado final correto e avaliar onde você está naquela jornada. É a disciplina que define seu nível de sucesso na jornada. Nosso guia será complementado com disciplinas tangíveis e futuras checklists para trazer o nível certo de rigor à transformação digital de sucesso. Para isso, precisamos de algumas lições do setor de linhas aéreas e um pouco de queijo suíço. (Isso mesmo!)

Aprendendo com as Disciplinas de Decolagem das Aeronaves

O fato de que os aviões possuem altos padrões de segurança não surpreende. A grande surpresa deveria ser que as decolagens tornaram-se altamente automatizadas e confiáveis, *mesmo sendo atividades muito complexas.* No mundo de hoje, é necessário que ocorram diversas falhas coincidentes para que a decolagem não dê certo. Os fabricantes de aeronaves usam o princípio de segurança em camadas, também conhecido como modelo do queijo suíço (veja o box a seguir), para entender e mitigar o risco de uma falha.

O que a Segurança na Aviação Tem a Ver com Queijo Suíço?

O modelo do queijo suíço sobre a causa de acidentes afirma que os sistemas humanos são similares a fatias de queijo suíço dispostas verticalmente, uma na frente da outra. Os furos no queijo representam os defeitos ou fraquezas em cada sistema, e tendem a ter tamanhos e posições diferentes. Caso uma linha possa passar por todos os buracos das fatias, quer dizer que há uma falha no sistema como um todo, que causa um acidente. O objetivo ao projetar o sistema é reduzir a probabilidade de um acidente por meio da realização de melhorias tanto nos "furos" como no "número de fatias".

James Reason, criador do modelo, acreditava que os acidentes podem ocorrer devido a quatro motivos: influências organizacionais, supervisão não segura, pré-condições para ações não seguras e as próprias ações não seguras.

Para melhorar a confiabilidade da transformação digital, sigo uma abordagem parecida. As duas principais causas de fracasso ao sair de um estágio para o outro foram identificadas. Uma checklist com perguntas ajuda a determinar se cada uma das causas foi suficientemente abordada.

A segurança de voo no início da aviação não era um pré-requisito. Os aviões — feitos de tecido, cola e madeira na maioria das vezes — faziam do voo mais um jogo de habilidade do que um processo. Quedas durante decolagens e aterrissagens eram comuns. Durante as décadas seguintes, houve melhorias tanto no design como na metodologia. O modelo do queijo suíço foi uma das técnicas de minimização de riscos empregadas. Uma vez compreendidos os causadores das falhas, foi possível redesenhar produtos técnicos, processos, sistemas e habilidades pessoais para minimizá-los ou eliminá-los. (As checklists das linhas aéreas são apenas mecanismos para seguir processos rigorosos para itens que não podem ser totalmente automatizados ou eliminados.)

Meu trabalho nos GBS da P&G provou que a compreensão dos causadores das falhas na transformação digital de um estágio para o seguinte e, depois, a neutralização dessas falhas por meio de checklists poderiam ser aplicadas também para o sucesso das transformações digitais. Identifiquei e confirmei causadores específicos de confiabilidade (e, portanto, disciplinas) para melhorar a taxa de sucesso de cada um dos cinco estágios da transformação digital.

Há causadores muito específicos de confiabilidade (e, portanto, checklists) para melhorar a taxa de sucesso de cada um dos cinco estágios da transformação digital.

As Surpreendentes Disciplinas de Como Levantar Voo e Manter-se à Frente

A Figura 3 ilustra os dois fatores de risco (e, portanto, itens da checklist) por estágio em nosso modelo de cinco estágios.

Capítulo 2 | As Disciplinas para Chegar à Transformação de Nível 5

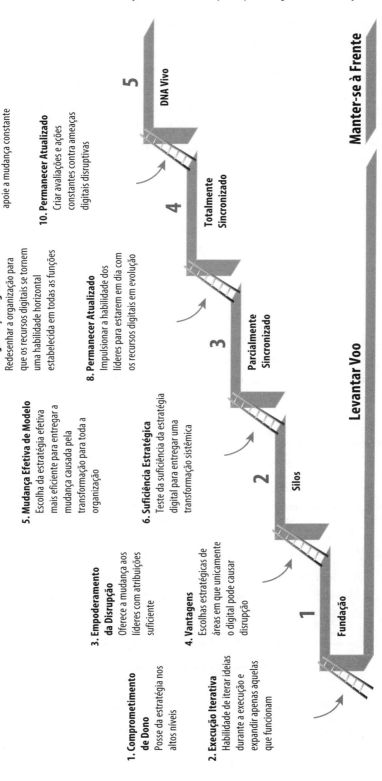

Figura 3 Itens da checklist para passar por todos os estágios

A próxima parte do livro detalhará os cinco estágios e as duas áreas respectivas de disciplina necessárias para o sucesso de cada estágio.

Depois disso, no Capítulo 13, compartilharei como todas essas disciplinas podem ser colocadas juntas em prática por meio da descrição de como a execução dos Serviços de Nova Geração da P&G se desdobrou. As organizações exponenciais foram a fonte de inspiração. O modelo de operações NGS (Transformação Digital 5.0) forneceu o mapa para a execução. A abordagem da checklist, que se desenvolveu com o tempo, proporcionou a disciplina para a execução.

Resumo do Capítulo

- A Quarta Revolução Industrial demanda uma nova estratégia empresarial a partir da atual, criada durante a terceira era industrial (o surgimento dos computadores pessoais e da internet).

- Os GBS da P&G viram esse desafio em 2015 e começaram a criação de uma estratégia proativa de transformação digital.

- Na época, o setor de serviços compartilhados possuía três níveis de maturidade. Os GBS estavam no terceiro nível, convencidos de que as mesmas forças digitais disruptivas que atuaram em outros setores também deveriam estar atuando no setor de serviços compartilhados.

- A questão era como lidar com essa mudança digital com boas chances de sucesso. Percebemos que o motivo pelo qual 70% de todas as transformações digitais deram errado foi a insuficiência de disciplina.

- O modelo de Transformação Digital 5.0 em cinco estágios oferece um guia disciplinado para você obter sucesso na transformação.

    ▶ O **Estágio 1** é a Fundação. Aqui, os empreendimentos estão ativamente automatizando processos internos.

    ▶ O **Estágio 2** é chamado de Silos. Você pode observar funções individuais ou empresas começando a usar tecnologias disruptivas para criar novos modelos de negócios.

    ▶ O **Estágio 3** é a transformação Parcialmente Sincronizada. O CEO reconheceu o poder disruptivo das tecnologias digitais e definiu um resultado digital futuro.

    ▶ O **Estágio 4**, ou Totalmente Sincroni-zado, marca o momento em que uma plataforma digital para todo o empreendimento ou novo modelo de negócios arraigou-se por completo pela primeira vez.

    ▶ O **Estágio 5**, ou DNA Vivo, é o passo em que a transformação se torna perpétua.

- A segurança dos aviões tornou-se sinônimo de operações confiáveis, por meio da compreensão e eliminação de riscos de forma disciplinada. Estruturas como o modelo do queijo suíço, combinadas com a disciplina operacional pelo uso de checklists, são modelos comprovados.

- Para passar confiavelmente por cada estágio da transformação digital, identifiquei duas disciplinas necessárias em cada etapa.

Sua Checklist de Disciplinas

Avalie sua transformação digital com as perguntas apresentadas na Figura 4, de modo a seguir uma abordagem disciplinada para cada passo na Transformação Digital 5.0.

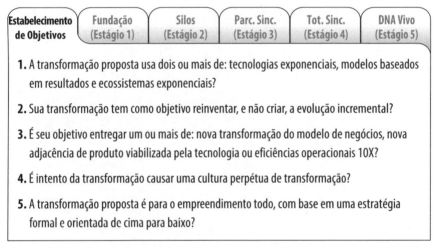

Figura 4 Sua checklist de disciplinas para estabelecer objetivos

Parte II

Os Cinco Estágios da Transformação Digital

Estágio 1

Fundação

O que é Estágio 1?	Automação (ou digitalização) de processos. Confere valor ao empreendimento pelo uso da tecnologia para realizar o trabalho com mais eficiência e constrói a fundação para transformações futuras.
Causas de Fracasso	A equipe perde de vista o valor de negócio pretendido ou a execução é ruim.
Disciplinas para Enfrentar os Riscos	■ *Comprometimento de dono* da estratégia nos altos níveis. ■ *Execução iterativa* para evitar falhas maiores de implementação.

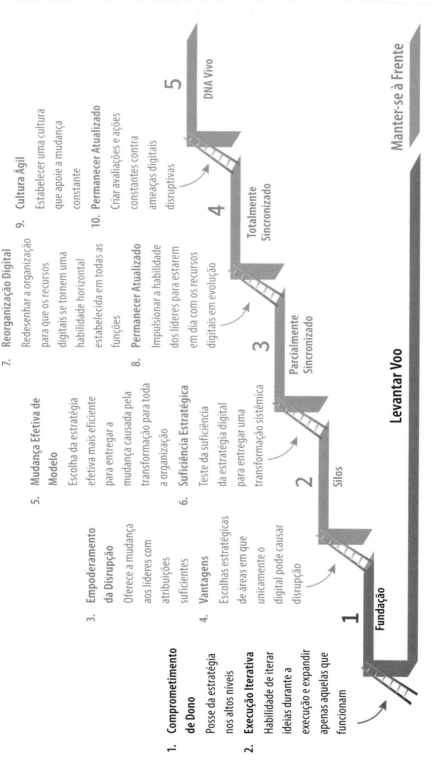

Figura 5 Disciplinas para a transformação digital do Estágio 1

Capítulo 3

Comprometimento de Dono

Vivi em Singapura com minha família em 1998, e novamente em 2012. Nossa adaptação em 1998 foi especialmente marcante. Estávamos bem-adaptados, literalmente, em três ou quatro dias após nossa chegada ao país. Nossas coisas haviam chegado e já estavam desembaladas; as contas de banco foram criadas; água, luz, TV, internet e telefones ativados; e carteiras de habilitações convertidas. Nossa experiência com a burocracia do país foi maravilhosa.

Lembre-se de que o ano era 1998, quando a maioria das coisas ainda não eram feitas online. Em Singapura, o ímpeto pela digitalização já ficava evidente naquela época. Por exemplo, era raro ver alguém usar cheques. Os pagamentos de rotina eram realizados com transferências diretas entre contas bancárias através de um sistema local chamado GIRO (General Interbank Recurring Order — Pedidos Sistemáticos Gerais Entre Bancos).

Hoje, Singapura ocupa o primeiro lugar do mundo no Índice de Prontidão de Redes (Networked Readiness Index — NRI) do Fórum Econômico Mundial. Esse índice mede o grau de eficiência com que uma economia está usando tecnologias de informação e comunicação para impulsionar a competitividade e o bem-estar. Atrás de Singapura estão Finlândia, Suécia e Noruega. Os EUA estão no 5º lugar, e o Brasil, no 22º, de acordo com o relatório de 2016. As perguntas que precisamos fazer são: como Singapura chegou a essa posição? Quem possui a estratégia para o digital? E qual é o papel da liderança?

Singapura é um bom estudo de caso que representa a passagem exitosa por cada um dos cinco estágios da transformação digital. O país demonstrou altas taxas de sucesso nos esforços de automação básica da transformação de Estágio 1, e continua a ser um modelo para empreendimentos do setor público de como se manter à frente por meio da transformação perpétua do Estágio 5. E demonstra a maioria das disciplinas sobre como levantar voo e se manter à frente em uma transformação digital. Em especial, o que chamou minha atenção em 1998 foi o comprometimento de dono do primeiro-ministro Goh Chok Tong e de seu governo quanto à estratégia de usar a tecnologia digital como um mecanismo transformador. Na época, a maioria dos governos falava sobre o uso das tecnologias digitais, mas a liderança de Singapura estava realmente comprometida.

Por que a Transformação Digital Demanda Comprometimento e Posse Especiais dos Líderes

Uma das primeiras lições que aprendi como líder foi nunca terceirizar um problema. Não é um insight radical por si só. Os gurus de gestão pregavam, décadas atrás, que é possível delegar a responsabilidade, mas não a accountability [a responsabilização, ou imputabilidade]. E,

33

mesmo assim, em minhas análises dos fracassos das transformações digitais, foi surpreendente observar quantos podiam ter suas raízes identificadas em líderes que estavam superdelegando suas transformações digitais.

As tecnologias digitais são novas e evoluem rapidamente, o que significa que é necessário dar uma atenção especial aos patrocinadores da transformação digital.

Uma boa parte disso geralmente ocorre devido ao bem-intencionado empoderamento de seu grupo. Isso é nobre, com exceção de uma coisa — a superdelegação não é empoderamento; é delegação de complexidade.

Aqui está o problema relativo à transformação digital: as tecnologias digitais são novas e evoluem rapidamente, o que significa que é necessário dar uma atenção especial aos líderes. Proporcionar esclarecimentos sobre o problema da empresa, fornecer um comprometimento pessoal para passar tempo conectando o problema da empresa com as estratégias da transformação digital, e a quebra contínua de barreiras durante a transformação são funções que não podem ser delegadas. Isso se dá no caso de um projeto de automação de Estágio 1, e ainda mais nas transformações de alto risco de Estágio 5. O nível de patrocinadores na organização é guiado pelo tamanho da transformação; poderia ser de gerentes iniciantes para projetos minúsculos de automação, o dono de uma empresa ou primeiro-ministro para uma real transformação de Estágio 5. Independentemente disso, mesmo para a transformação básica do Estágio 1, os patrocinadores não podem superdelegar a transformação digital sem sérios riscos de fracasso.

O Papel Crucial do Líder nas Transformações Digitais

Em um artigo da *Harvard Business Review*, "Digital Leadership Is Not an Optional Part of Being a CEO",[17] Josh Bersin argumenta que o CEO precisa liderar a cobrança digital para sua empresa, garantindo que todos "ajam digitalmente", e não apenas "façam as coisas digitalmente". Sua pesquisa relacionada ao que ele chama de "DNA digital" identificou 23 novas práticas gerenciais, incluindo empoderamento, experimentação, colaboração, dados e velocidade. Em outras palavras, o papel do CEO não é apenas patrocinar o esforço digital, apontar um CDO (Chief Digital Officer), contratar executivos do Vale do Silício, trazer consultores, conseguir os fundos e apresentar uma liderança inspiradora. O CEO também precisa criar as condições certas de um empreendimento realmente digital — dar seu próprio sangue para alcançar os objetivos, colocar a mão na massa para traduzir os objetivos em estratégias de transformação digital e constantemente quebrar barreiras na execução. Esse papel de comprometimento de dono da transformação digital pode começar nos primeiros estágios, mas torna-se inegociável no Estágio 3 (Parcialmente Sincronizado) e nos subsequentes, nos quais é necessário mudar todo o empreendimento. O sucesso consistente de Singapura em conduzir a transformação digital demonstra amplamente o efeito do comprometimento da liderança com o processo.

O Comprometimento de Dono dos Líderes de Singapura em Seus Objetivos de Transformação Digital

O atual primeiro-ministro de Singapura, Lee Hsien Loong, tem formação em matemática e ciências, com a vantagem de possuir uma compreensão profunda do poder das tecnologias digitais. O mais importante é como ele, juntamente com seus líderes de governo, exerce um papel altamente visível na liderança dos esforços para a digitalização. Ele compartilhou no Facebook os códigos que usou em programas com a linguagem C++ para resolver problemas de Sudoku, iniciou a estratégia de digitalização de Singapura, chamada de "Smart Nation" e conduz todos os programas de digitalização em seu escritório de primeiro-ministro (ou seja, do nível mais alto de governo do país).

No entanto, esse comprometimento não é um fenômeno recente. A jornada de Singapura em um governo digital começou em 1980. Sob a liderança do então primeiro-ministro do país, Lee Kuan Yew, o governo decidiu se diferenciar por meio das tecnologias de informação e comunicação (TIC). Considerando a força e a consistência desse comprometimento de dono, os resultados obtidos por Singapura em digitalização talvez não sejam surpresa alguma.

A Jornada Digital de Singapura

O primeiro lugar conquistado por Singapura no ranking de digitalização do Fórum Econômico Mundial é o resultado do comprometimento consistente da liderança por cerca de mais de quatro décadas. Tudo começou com a decisão de passar o serviço público para o computador em 1981. O Programa de Computadorização do Serviço Público (PCSP) objetivou economizar em recursos humanos, melhorar a eficiência operacional, oferecer uma base melhor de informações para a tomada de decisões e alguns serviços inovadores para a população. Esse começo modesto evoluiu rapidamente com o passar do tempo, tornando-se uma estratégia altamente ambiciosa. O objetivo do país é ser líder de fornecimento de serviços digitais para os cidadãos, assim como para a indústria, conduzindo uma vantagem competitiva do país em comparação com outros países.

Em maio de 2017, o governo de Singapura anunciou a criação do Smart Nation and Digital Government Group (SNDGG), diretamente sob o comando do primeiro-ministro. Os tipos de recursos buscados são amplos. Quanto à mobilidade urbana, isso vai desde usar data analytics para melhorar a administração do transporte público até a implementação de veículos autônomos. A partir do programa Nação Smart, o país planeja melhorar a qualidade de vida, criar oportunidades econômicas e desenvolver uma comunidade mais unida.

Resultados da Digitalização

Os resultados são impressionantes. A eficiência dos serviços oferecidos a seus cidadãos, residentes e empresas é excepcional. A nota dos consumidores quanto à satisfação pelos serviços digitais do governo está bem acima de 90% — um fenômeno raro para qualquer país.

Veja a seguir alguns exemplos que justificam tamanha reputação do programa de serviços digitais. O portal eCitizen de Singapura fornece acesso a todas as informações e serviços que o cidadão possa precisar, centralizadas em um único lugar. A SinPass é uma senha de autenticação única para fazer as transações em todas as agências online do governo, seja o preenchimento do imposto de renda, solicitar passaporte ou abrir uma empresa. O Singapore Online Business Licensing Service (OBLS — "Serviço Online para Licença de Empresas", em tradução livre) é um portal único para solicitar todas as licenças necessárias em uma única transação. A maioria das startups obtém suas licenças sem ter que ir fisicamente a uma agência do governo. Consequentemente, Singapura ganhou o primeiro lugar em "facilidade de fazer negócios" no índice do Banco Mundial. O país oferece 1,6 mil serviços online e mais de 300 serviços móveis a seus cidadãos e empresas. Sua busca incansável pela excelência digital leva seus cidadãos e empresas a inovarem e adotarem novas tecnologias, trazendo uma vantagem de eficiência ao país.

O Papel do Patrocinador na Tradução dos Objetivos e na Quebra de Barreiras nas Transformações

Um olhar mais cuidadoso nos papéis específicos desempenhados pelos líderes de Singapura, entre outros patrocinadores de sucesso da transformação digital, revela dois conjuntos de atividades: a tradução clara do problema da empresa em elementos de estratégia de transformação digital e a quebra de barreiras. Nem uma nem outra são realizadas uma única vez; pelo contrário, são contínuas.

O papel de estabelecimento de objetivos e a tradução foram mencionados anteriormente neste capítulo, em minha análise do artigo de Josh Bersin publicado na *Harvard Business Review*, "Digital Leadership Is Not an Optional Part of Being a CEO".[18] Os elementos não opcionais listados por Bersin incluem muitos fatores culturais e organizacionais. A tradução específica dos objetivos do empreendimento para esses fatores — tanto únicos como contínuos — deve ser feita no topo (ou seja, CEO, dono, líder do governo etc.).

A tradução específica dos objetivos do empreendimento para esses fatores — tanto únicos como contínuos — deve ser feita no topo (ou seja, CEO, dono, líder do governo etc.).

Menos compreendido, mas igualmente importante, é o papel do líder na quebra de barreiras durante a própria transformação. É uma pena que isso geralmente não seja enfatizado, pois é a área em que a maioria das transformações dá errado. Quanto mais complexa for a mudança (não importa em qual estágio esteja a transformação), maior será a necessidade dessa quebra contínua de barreiras. Não é de admirar o fato de que a transformação de Estágio 5 exija mais ajuda, pois é o setor com os maiores riscos e envolve as mudanças mais complexas. O histórico de sucesso da P&G em conduzir uma padronização brilhante e em escalonar seus sistemas financeiros, de vendas e de cadeia de suprimentos, é um testemunho disso. É um exemplo perfeito de como conduzir uma transformação altamente complexa de Estágio 1 e de como o comprometimento de dono de seus líderes é necessário para que o resultado possa ser entregue. Aquele projeto não está relacionado com nossa história principal dos NGS, mas ilustra o papel fundamental dos patrocinadores na quebra de barreiras.

Como a P&G Mantém um Sistema de Primeira Classe para o Planejamento de Recursos do Empreendimento

A P&G é uma das pouquíssimas empresas grandes e globais que usam um sistema padrão único para o planejamento de recursos do empreendimento (ERP) para todas as suas operações globais. Em essência, é uma estrutura central padrão e digital das finanças, processamento de pedidos, distribuição e plataformas de manufatura em mais de cem países. Isso possibilita o planejamento e execução em todo o empreendimento de operações financeiras e físicas no mundo todo. Os sistemas ERP são a estrutura central da maioria das empresas, e a P&G usa o SAP para isso.

Quanto à automação, conseguir chegar a um sistema ERP no mundo todo é o santo graal para a maioria das empresas globais. É uma transformação de Estágio 1. A P&G fez isso no início de 2000 e, ainda mais importante, continua a mantê-lo, apesar das aquisições contínuas que envolvem a integração de novos sistemas das empresas adquiridas. A padronização para um ERP é extremamente difícil, e é ainda mais complicado manter a unidade mesmo com aquisições e reestruturações. Quanto maior e mais complexa for a organização, mais difícil será a transformação.

O que permitiu que a P&G chegasse lá foi o comprometimento de dono da liderança. O objetivo da empresa é claro: permitir o escalonamento global usando um único sistema ERP. Ainda mais interessante é o papel da liderança, literalmente a cada ano, para quebrar as barreiras com os múltiplos projetos relacionados com os sistemas ERP que são gerados pelas aquisições, mudanças jurídicas, de tarifação e outras coisas do gênero.

Conto agora como isso aconteceu. As grandes transformações corporativas de ERP são patrocinadas pelos presidentes de finanças, da cadeia de suprimentos e dos serviços de negócios globais. Embora os GBS tipicamente liderem a transformação, há uma posse total dos objetivos e um engajamento prático real por parte desses patrocinadores e líderes das funções, e dos presidentes das unidades individuais de negócios.

Quando a P&G adquiriu a Gillette em 2005, empresa avaliada em mais de US$10 bilhões, mudei-me para a matriz da Gillette em Boston como diretor interino de informações. A empresa possuía uma solução invejável de ERP, também usando o SAP como base, que foi adaptado para seus negócios de barbear e baterias. Inevitavelmente, houve problemas para definir em que áreas os processos e sistemas de trabalho da Gillette precisariam mudar para os padrões da P&G ficarem ajustados, assim como em que áreas os padrões da P&G poderiam adotar os usados pela Gillette. O número de problemas escalonáveis chegou às centenas.

No entanto, como geralmente ocorre na P&G, houve uma cadência quase mágica à qual a equipe de execução do ERP e os patrocinadores aderiram. Os patrocinadores do nível de diretoria se envolveram pessoalmente em uma frequência diária e semanal. As decisões variavam desde uma possível mudança de data de início de certos sistemas para evitar a temporada corrida durante o Natal até reprojetar medidas corporativas de relatórios financeiros. O trabalho das equipes de execução foi difícil, mas, sem a quebra ativa de barreiras por parte dos patrocinadores, nunca teríamos alcançado o êxito, incluindo nossa transformação em uma história de sucesso no setor. Isso acontece com frequência na P&G, permitindo, assim, uma sustentação robusta dos processos padrão de ERP globalmente.

Por que Não Vemos Mais Comprometimento de Dono nos Líderes?

Se o comprometimento de dono pode produzir resultados tão poderosos, então por que não vemos mais disso acontecendo? Há vários fatores em questão, mas o principal que precisa ser abordado com mais urgência é, francamente, a alfabetização digital da liderança. As organizações tradicionais cujas empresas-base não estejam arraigadas na tecnologia digital são altamente vulneráveis aqui.

O Desafio da Alfabetização Digital no Nível da Liderança

O desafio pessoal da alfabetização digital para muitos executivos seniores, incluindo CEOs nos setores públicos e privados, é assustador. Conduzir uma operação digitalmente habilitada exige um apreço por TI que vai além do uso cotidiano de suas ferramentas. Nem todos os líderes conseguem ser programadores em C++ nos moldes do primeiro-ministro Lee Hsien Loong, mas há uma necessidade de estar rapidamente a par das possibilidades tecnológicas, para começar. Por exemplo, compreender o que a inteligência artificial, os programas robóticos ou as soluções de plataforma podem fazer por sua empresa é necessário, no mínimo, de modo a liderar um exercício para a esfera do possível.

O setor de TI, que tende a promover exageradamente as tecnologias, não ajudou nessa questão. Para muitos executivos, isso leva a uma superconfiança em seus diretores de informação e de digitalização quanto à estratégia digital. O problema neste caso é que a estratégia de disrupção digital (a criação de novos modelos de negócios para a empresa como um todo) é diferente da estratégia corporativa de TI (conduzir a automação e a produtividade nas operações diárias). De acordo com um estudo recente, 68% dos gastos com tecnologia são provenientes de orçamentos fora do TI. Delegar a criação de novos modelos de negócios disruptivos para o CIO ou CDO nunca será tão bom quanto transformar todos os líderes de sua organização em líderes digitais com um nível aceitável. Cada líder de função da empresa e cada líder das unidades de negócios precisam tomar e ser donos das escolhas sobre como digitalizarão sua parte do empreendimento.

O Desafio da Alfabetização Digital no Âmbito do Conselho de Administração

Infelizmente, a falta de alfabetização digital se torna mais evidente conforme subimos a pirâmide hierárquica. Em última instância, o conselho de diretores é responsável pela compreensão das tendências digitais e por conduzir a empresa apropriadamente. As cinco principais e maiores empresas do mundo possuem uma grande presença que está começando a ser conhecida como "diretores digitais". Entre os líderes estão o cofundador da Microsoft, Bill Gates; o presidente da Intel, Andy Bryant; o ex-CEO da Qwest Communications, Ed Mueller; a ex-presidente do Yahoo, Susan Decker; a ex-CEO do Yahoo, Marissa Mayer; a CEO da Xerox, Ursula Burns; o ex-presidente da IBM, Sam Palmisano; o cofundador do Instagram, Kevin Systrom; e o vice-presidente executivo da Comcast, Steve Burke. No entanto, essa não é a norma. A empresa de consultoria McKinsey & Company estima que menos de 20% dos conselhos de administração corporativos possuem um nível mínimo de alfabetização digital necessário para o mundo atual, e que menos de 5% das empresas na América do Norte possuem uma comissão de tecnologia. Muitos conselhos de administração são, portanto, completamente despreparados, uma vez que as ameaças existenciais vêm dos setores adjacentes. O estilo tradicional de operações que trouxe sucesso aos conselheiros pode ser exatamente o carrasco que mata a empresa.

A alfabetização digital nos níveis de liderança é importantíssima, começando pelo conselho de administração. Menos de 20% dos conselheiros possuem um nível mínimo de alfabetização digital necessário para o mundo atual.

As comissões de nomeação para comitês devem reagir rapidamente. Além disso, os conselheiros precisam ficar imediatamente a par das tecnologias. Assim como há a necessidade da alfabetização digital ao nível da liderança, o conselho de administração precisa compreender as possibilidades das tecnologias digitais. Os conselheiros devem passar uma porcentagem maior de seu tempo com estratégias digitais, além de suas agendas de cibersegurança. Esse nível de patrocínio digital não é apenas adequado; é o fator determinante entre as empresas que prosperam na Quarta Revolução Industrial e aquelas que ficam para trás.

■ ■ ■

Não há substitutos ao comprometimento de dono da transformação digital nos níveis mais altos de qualquer organização. O ritmo rápido das mudanças nas tecnologias digitais faz desse um desafio único para os empreendimentos tradicionais. Aprender com os técnicos especializados dentro e fora da organização é uma saída válida, mas delegar a estratégia e a quebra de barreiras é perigoso. Os melhores líderes das transformações digitais agregam três elementos únicos: conhecimento suficiente, seu tempo e suas habilidades para quebrar as barreiras das transformações digitais.

Resumo do Capítulo

- A área digital é relativamente nova e está sempre mudando, exigindo um engajamento especial da liderança.

- Em Singapura, país ranqueado como a nação mais digital do mundo, o primeiro-ministro Lee Hsien Loong estabeleceu o ritmo para seu programa digital quando comunicou seu comprometimento pessoal. Além disso, o programa digital de Singapura é administrado diretamente do escritório do primeiro-ministro.

- Traduzir os objetivos empresariais em estratégias digitais é um papel essencial que os líderes não podem delegar. Isso se torna ainda mais importante nos estágios mais avançados da transformação digital.

- Uma função ainda mais importante do líder é a quebra de barreiras durante a execução das transformações digitais. O sucesso da P&G em obter um sistema ERP padrão no mundo todo é um exemplo a ser estudado, pois apoia as transformações digitais pela rápida remoção das barreiras durante a execução.

- Para que esse nível de posse no topo seja verdadeiro, há uma necessidade implícita de alfabetização digital por parte de todos os líderes, começando com a liderança executiva e o quadro de conselheiros de administração. Infelizmente, isso ainda é um desafio na maioria dos casos.

Sua Checklist de Disciplinas

Avalie sua transformação digital com as perguntas apresentadas na Figura 6 de modo a seguir uma abordagem disciplinada para cada passo na Transformação Digital 5.0.

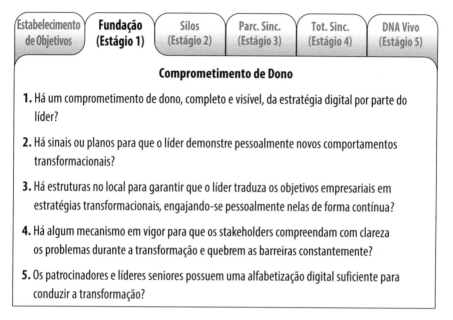

Figura 6 Sua checklist de disciplinas para o comprometimento de dono

Capítulo 4

Execução Iterativa

Era meia-noite de terça-feira, dia 1º de outubro de 2013. Era o dia D para a equipe que estava liderando o projeto no portal federal online em prol da Lei de Serviços de Saúde Acessíveis (Affordable Care Act — ACA), no site HealthCare.gov, mais popularmente chamada de Obamacare, que substituiria o sistema de saúde anterior. Logo após o site começar a funcionar, sob acompanhamento das equipes dos Centros de Serviços Medicare e Medicaid [programas de saúde geridos pelo governo], juntamente com suas prestadoras de serviço, as primeiras reações foram positivas. A movimentação de pessoas em busca da troca foi maior do que se esperava, mas isso era uma boa notícia para a Casa Branca, preocupada em atingir seus objetivos de adesão.

No entanto, nos escritórios da CGI Federal, uma das principais prestadoras de serviço que desenvolveu o site, o clima era definitivamente mais sombrio. Os técnicos de TI estavam se dando conta de que o software usado para a realização da troca de planos estava começando a entrar em pane, causando atrasos na criação de contas para os usuários. Logo depois disso, o site caiu. Para o presidente Barack Obama, foi um começo nada auspicioso do HealthCare.gov, que já tinha o apoio certo do legislativo, mas que agora ficava levemente maculado por um projeto de tecnologia de baixa qualidade.

A verdade é que a questão do site do Obamacare foi mais uma falha de disciplina do que de tecnologia. Infelizmente, é uma história simples de um projeto de TI que deu terrivelmente errado, e que é muito comum nas organizações. Embora o projeto do HealthCare.gov fosse grande e complexo, não há motivos que justifiquem ele não ter sido desenvolvido de forma iterativa, assim dividindo o risco de um começo explosivo, tipo big bang, em desenvolvimentos menores. Em termos de desenvolvimento de software de TI, essa técnica é chamada de desenvolvimento ágil de software e, embora tenha sido usada parcialmente para o desenvolvimento do portal ACA, o modo predominante de entrega foi uma técnica de big bang conhecida como "cascata", na qual longas durações de projeto e desenvolvimento são seguidas pelo grande lançamento.

No entanto, quando o assunto são as execuções das transformações digitais, quanto maiores forem, maiores serão as quedas. Eliminar os riscos de uma transformação digital, seja no Estágio 1 ou mais alto, dividindo o trabalho em entregas iterativas menores e aprendendo constantemente ao mesmo tempo é um princípio essencial para evitar o fracasso enorme e constrangedor. Como é de se esperar, esses princípios podem ser aplicados em outras áreas que não o desenvolvimento de software. A metodologia lean startup, que está atraindo a atenção de empreendimentos grandes e pequenos para diminuir os ciclos de desenvolvimento de produto e acelerando a determinação de viabilidade de um modelo de negócios, está baseada no mesmo princípio. O objetivo é usar diversos experimentos pequenos com base em teste de hipóteses para validar o aprendizado antes de lançar os produtos iterativamente.

> **Eliminar os riscos de uma transformação digital, seja no Estágio 1 ou mais alto, dividindo o trabalho em entregas iterativas menores e aprendendo constantemente ao mesmo tempo é um princípio essencial para evitar o fracasso enorme e constrangedor.**

O primeiro site da Amazon, lançado em julho de 1995, não era tão elegante, com algoritmos inteligentes, sem mesmo possuir quaisquer de seus recursos atuais além de disponibilizar um catálogo de livros e os ícones de compra. Suas operações internas também eram básicas, nas quais os funcionários localizavam os livros manualmente, embalavam-nos e os transportavam até os correios para o envio. Porém, isso deu à Amazon a oportunidade de potencializar o que dava certo, descartando o que não dava, movendo-se inexoravelmente em direção à visão do fundador da empresa, Jeff Bezos, de um dia se tornar uma "loja que vende tudo".

Como Aplicar a Execução Iterativa em Programas Complexos e de Projetos Múltiplos

O tropeço do site HealthCare.gov oferece lições excelentes sobre como evitarmos uma falha de lançamento big bang por meio da execução iterativa além dos níveis individuais de projetos. Como aplicar isso em programas complexos e de projetos múltiplos, como a transformação de uma organização inteira?

O princípio de dividir um enorme esforço que oferece riscos em partes iterativas menores ainda é válido. Você ainda pode pensar grande sem ter que apostar tudo em uma ideia.

A transformação de um empreendimento inteiro exigirá mais do que apenas um projeto; é necessário um portfólio de projetos. Nessa situação, a estratégia de eliminar os riscos da execução é tão simples quanto criar um portfólio de projetos que inclui algumas apostas grandes e outras apostas seguras, de modo que o portfólio total seja suficiente para entregar o objetivo geral desejado. Foi essa lição que o Aeroporto Internacional de Denver aprendeu tão dolorosamente 30 anos atrás.

Por que o Lançamento Inicial do HealthCare.gov Enfrentou Dificuldades?

A dificuldade do projeto do portal ACA, embora constrangedora, não foi nada inédita. Na verdade, ela é um ótimo estudo de caso precisamente porque é idêntica a muitos outros fracassos de transformação.

Como pano de fundo, o ACA, ou mais comumente chamado de Obamacare, era para ser a grande conquista do presidente Barack Obama no legislativo. O projeto foi aprovado como lei em 23 de março de 2010, para oferecer uma inovação na redução do número de cidadãos sem cobertura médica nos EUA. O portal

HealthCare.gov deveria estar funcionando um pouco mais de três anos depois, em 1º de outubro de 2013. Logo após a meia-noite, alguns milhares de usuários deram início ao processo de adesão ao programa. O site imediatamente caiu. Achou-se, de início, que o gargalo estava na quantidade de tráfego de pessoas tentando acessar o site. No entanto, uma vez que isso foi resolvido, outras dificuldades aparecerem. Foram necessários meses até que os problemas técnicos fossem resolvidos. Quando a poeira baixou e o período aberto para a adesão encerrou-se no dia 15 de abril de 2014, cerca de 13,5 milhões de pessoas haviam se inscrito para a cobertura e cerca de 8 milhões escolheram um plano. Embora esse número estivesse acima da meta, indicando sucesso para a política de cobertura de saúde em si, os problemas com o site foram constrangedores, infelizmente.

Na minha opinião, houve três causas principais para isso. Acredito que poderiam ter sido evitadas pelo uso das duas disciplinas desta seção: o comprometimento de dono e a execução iterativa. Veja a seguir as três causas-raiz para o atribulado lançamento do HealthCare.gov:

1. **Quanto maiores são, pior será a queda.** O projeto de TI do HealthCare.gov era monstruoso em tamanho. De acordo com a revista *Forbes*, havia 55 empresas contratadas, 5 agências federais, 36 estaduais, 300 seguradoras do setor privado e mais de 4 mil planos de saúde envolvidos. O usuário comum deveria passar por 75 telas, sendo que mais de mil foram projetadas. A enorme escala do HealthCare.gov era inevitável. E a maioria das grandes organizações que buscam uma ideia disruptiva provavelmente envolverão um escopo enorme. A pergunta é: como transformar o monstro em partes manipuláveis?

   O site HealthCare.gov foi parcialmente desenvolvido por meio de metodologias iterativas de desenvolvimento de software, como a ágil. No entanto, a questão é que a maior parte da experiência do usuário no âmbito do mercado veio apenas no final, quando o site foi formalmente aberto para as atividades. É aí que entram as metodologias como lean startup. Elas forçam uma disciplina para obter uma experiência de usuário real a cada poucas semanas. Esperar até o fim do projeto para descobrir que seu produto não funciona ao ser montado é altamente desagradável.

2. **Quem é o responsável?** A experiência do HealthCare.gov apresenta ótimas lições quanto à designação de accountability. Kathleen Sebelius, secretária do Departamento de Saúde e Serviços Humanos dos EUA (HHS), era o contato direto com o presidente Obama neste projeto. Ela designou um diretor de informações (CIO) para gerenciar seus projetos de TI. Em um comunicado publicado em agosto de 2011, o White House Office of Management and Budget [Gabinete de Gestão e Orçamento da Casa Branca, em tradução livre] recomendou veementemente que o CIO deveria assumir a imputabilidade total por todos os projetos de TI. Na realidade, o CIO da HHS nunca foi o responsável.

   Quem tocou o projeto foi o Centro de Serviços Medicare e Medicaid (Center for Medicare and Medicaid Services — CMS). Mais tarde, o CMS decidiu realizar a integração dos sistemas internamente (a responsabilidade por gerenciar vários parceiros de desenvolvimento, assim como juntar todas as soluções técnicas). O único problema era que o CMS não possuía recursos suficientes para ser o integrador de sistemas. Para piorar as coisas ainda mais, havia conflitos internos consideráveis por lá, tanto com a experiência do usuário como com as operações técnicas do site. Consequentemente, as empresas terceirizadas não receberam a orientação necessária. Não há nada que atrase tanto um projeto quando a accountability confusa.

3. **Feedback iterativo dos consumidores.** Talvez a lição mais importante para a transformação digital seja a necessidade da iteração com o consumidor. O primeiro site da Amazon tinha uma aparência terrível, mas possibilitou à empresa coletar feedback dos usuários. Infelizmente para o HealthCare.gov, a maior parte das outras considerações — termos, custos, comprometimentos políticos — sobrepôs-se aos objetivos de iteração com os usuários. É crucial que haja uma desconstrução dos enormes esforços de transformação em muitas unidades pequenas que sejam percebidas pelo usuário. Uma vez que os problemas tornaram-se públicos, a liderança certa para o projeto foi rapidamente estabelecida. Especialistas do Vale do Silício trouxeram as disciplinas iterativas certas de execução, e os problemas desapareceram. A boa notícia para as transformações digitais é que não precisam ser executadas como big bangs monstruosos. Os processos de entrega iterativa como o ágil e o lean startup podem efetivamente entregar as transformações mais complexas com um risco muito menor.

Por que o Projeto do Sistema Futurístico de Bagagens do Aeroporto de Denver Deu Errado

Em 1989, a cidade de Denver começou a construir um novo aeroporto arrojado e de última geração. Esse deveria ser o maior aeroporto dos EUA e um centro importante para o transporte aéreo, dobrando sua capacidade para receber 50 milhões de passageiros por ano. Idealizou-se que o tempo de permanência em solo da aeronave, que abrange desde o pouso até a próxima decolagem, seria reduzido a 30 minutos. Para você ter uma base de comparação, as aeronaves regulares, mesmo hoje, precisam de 40 a 60 minutos de tempo de permanência entre voos curtos, e várias horas para voos longos. Um período de permanência menor representa uma vantagem competitiva maior no ramo de aeroportos.

Para gerar tal nível de eficiência, a ideia era ter um novo sistema de manuseio de bagagens, altamente automatizado. A ideia era futurística. Durante o check-in, o agente colocaria uma etiqueta adesiva na bagagem. Uma esteira totalmente automatizada assumiria dali em diante. Todas as movimentações das bagagens entre o check-in, o transfer, o carregamento na aeronave e a retirada seriam automáticas. Era um exemplo excelente de uma disrupção causada pela tecnologia que poderia levar à vantagem competitiva.

O que de fato houve foi um atraso de 16 meses para a abertura do aeroporto e estouro no orçamento no valor de US$560 milhões.[19] Mesmo após o atraso, em vez de conectar três saguões, o sistema atendia apenas um e, ainda assim, apenas para voos de partida. E, nessa pequena execução, o sistema de bagagens ainda rasgava e perdia as malas. Em 2005, a única linha aérea que restava no sistema finalmente encerrou as atividades. A situação presenteou o mundo com outro ótimo exemplo de uma transformação ambiciosa que deu totalmente errado. A idealização pretendida pelo aeroporto de Denver era o futuro;[20] o obtido foi um sistema monstruoso que se deliciava em mastigar as malas e, mesmo em sua velocidade mais rápida, era mais lento que o procedimento realizado de forma manual.

As execuções de novos sistemas e recursos inovadores devem estar fundamentados em premissas de efeito portfólio: algumas partes do portfólio de alto risco darão certo e outras, não.

A lição a ser aprendida com o sistema de Denver é que, quando o assunto são as transformações digitais, a visão e a esperança não são estratégias. As execuções de novos sistemas e recursos inovadores devem estar fundamentadas em premissas de efeito portfólio: algumas partes do portfólio de alto risco darão certo e outras, não. Com riscos mais altos, as grandes apostas nas transformações digitais precisam estar fundamentadas em planos de suficiência de portfólio, nada muito diferente do que os gestores de portfólios financeiros fazem. O portfólio como um todo deve ser suficiente para entregar o resultado.

Uma Abordagem de Execução Iterativa para a Transformação Digital

A execução iterativa para a transformação digital de grande escala é projetada para resolver questões como as encontradas nas implementações do HealthCare.gov e do sistema de bagagens do Aeroporto Internacional de Denver. Ela mescla os princípios da divisão dos métodos cascata com partes iterativas menores para cada projeto, criando um portfólio de projetos diferentes, com níveis diferentes de risco/retorno.

Aplicamos com sucesso essa mescla nos Serviços de Nova Geração (NGS) da P&G. Fizemos iterações rápidas em duas semanas para experimentos (projetos) individuais e para subprojetos, e criamos uma mistura de portfólio para garantir a suficiência do programa inteiro de transformação. Isso dividiu o método de "uma aposta grande" frente à transformação digital em projetos menores e com risco menor ao gerenciarmos um portfólio de iniciativas.

As transformações bem-sucedidas mesclam as execuções iterativas menores para cada projeto com um portfólio de projetos diferentes. Cada projeto possui um nível diferente de risco/retorno.

A Figura 7 retrata o método que foi usado nos NGS. A oportunidade geral de negócio (nº 1 na figura) era entregar reduções de custos bem específicas, melhoria de primeira linha e melhoria da experiência do usuário. A ideia disruptiva (nº 2) era criar o ecossistema dos NGS e operá-lo como um fórum de disrupção do setor. O portfólio de experimentos (projetos) (nº 3) era uma coleção de necessidades disruptivas bem específicas dos NGS da P&G

que, adicionalmente, possuíam uma replicabilidade muito vasta no setor, então os parceiros de desenvolvimento que trouxemos puderam comercializar os produtos fora da P&G. Cada projeto seguia uma execução iterativa usando o design thinking (nº 4) para gerar a grande ideia e uma série de entregas iterativas de produtos, chamados produtos mínimos viáveis (MVPs — minimum viable products) (nº 5) e cada projeto era descontinuado (caso não atendesse os critérios de sucesso) ou implementados, caso atingissem (nº 6).

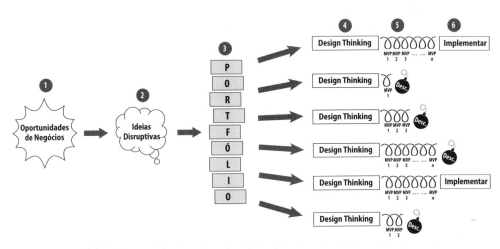

Figura 7 A combinação da execução iterativa com um portfólio de projetos

A seguir, veja um resumo rápido dos seis passos:

Passo 1: Identificar a oportunidade de negócio.

Aqui temos o exercício de estabelecimento do objetivo para a grande transformação para o programa como um todo. Poderia ser o propósito transformador massivo (PTM), ou seja, um slogan altamente ambicioso com a habilidade de impelir uma motivação extrema, como Salim Ismail descreve em seu livro, *Organizações Exponenciais*. Para os NGS, o PTM era "causar disrupção no setor de serviços compartilhados". O objetivo foi entregar reduções de custo contínuas e específicas, crescimento de primeira linha e ganhos na experiência do usuário, que foram identificados já no início.

Passo 2: Identificar as ideias de transformação.

Esta é a criação da grande ideia que fala sobre os pontos de vantagem digital (veremos isso com mais detalhes no Capítulo 6). O processo acontece como parte da estratégia da empresa. Para os NGS, foi a criação de uma organização exponencial que seria administrada como um ecossistema setorial.

Passo 3: Criar um portfólio de projetos.

Dividir a grande ideia disruptiva em um mix de portfólios com muitos projetos iterativos pequenos. Nos NGS, usamos a estratégia 10-5-4-1, na qual a cada dez experimentos (projetos) realizados, poderíamos descontinuar cinco, e dos restantes, quatro poderiam se tornar ideias do tipo 2X ou 4X, mas um seria do tipo 10X. Esse processo permite que muitos projetos de aposta pequena fracassem durante a busca por alguns poucos gols de placa.

Passo 4: Use processos de design iterativos para criar cada projeto.

Nos NGS, usamos design thinking para chegar às grandes ideias de projetos de transformação. Este modelo é superior àqueles de mapeamento de processos nos casos de transformações 10X. Ele ajuda a focar apenas o resultado desejado de negócio (no caso do Airbnb, por exemplo, um quarto para ficar) e não pressupõe processos históricos (como ter que ser dono de hotéis como uma vantagem).

Passo 5: Use metodologias de execução iterativas, como lean startup ou ágil.

As abordagens de execução iterativas forçam você a dividir a ideia em blocos de construção com foco no cliente, para depois construir e testar as execuções do produto mínimo viável (MVP). Isso facilita a construção com os blocos do MVP, até que tenha desenvolvido totalmente a grande ideia. No caso do sistema de bagagens em Denver, o MVP poderia ter sido primeiro um simples teste em campo de uma pequena parte da visão (a etiquetagem eletrônica das bagagens para apenas uma linha aérea, ou um saguão).

Passo 6: Implementar apenas os projetos que deram certo.

A vantagem dos cinco passos anteriores na execução iterativa é que ajudam não apenas com a articulação dentro de um projeto, mas também a escolher o uso apenas dos projetos que deram mais certo, dentre os disponíveis no portfólio.

Essa abordagem de execução iterativa possui um grande benefício: ela entrega rapidez, ou "velocidade de inovação". Como você divide a grande transformação em muitas execuções pequenas de forma bem-sucedida, o tempo, o dinheiro e o risco envolvidos em cada execução ficam significativamente menores. Dessa forma, as ideias podem progredir de forma muito mais rápida. A velocidade é uma grande impulsionadora de sucesso na transformação. O pensamento tradicional sugere que "melhor", "mais rápido" e "mais barato" em conjunto formam um jogo de soma zero, ou seja, se você aumentar um, acaba reduzindo os outros. Minha experiência com a transformação digital me diz que, ao aumentar a velocidade, o "melhor" e "mais rápido" virão como efeitos colaterais.

A Importância da Velocidade e da Aceleração nas Transformações Digitais

A velocidade da execução é importante nas transformações digitais, não apenas porque elas são uma questão urgente, mas porque a velocidade gera entusiasmo, impulso e a cosmovisão certa.

Gostaria de apresentar a analogia da decolagem de um avião para ilustrar o levantar voo de uma transformação digital. No caso do taxiamento das aeronaves antes da decolagem, a aceleração, que representa a taxa de mudança de velocidade, está diretamente relacionada com a distância percorrida na pista. Quanto mais lenta for a aceleração, maior será a distância necessária antes de a aeronave atingir a velocidade para decolar. Caso não chegue à aceleração necessária, o avião não pode decolar na pista em questão. Isso não é muito diferente das transformações digitais. A aceleração, ou melhor, a falta dela, pode se tornar um desafio. Os experimentos iniciais demoram tanto que tanto os stakeholders como as organizações nunca veem o impulso se desenvolver. A disrupção nunca levanta voo.

Essa questão se agrava no caso das transformações de Estágio 4 e 5 que objetivam sobreviver às revoluções industriais. O rápido ritmo de mudança na tecnologia significa que cada ideia digital possui um tempo de prateleira menor que o normal, dando à transformação digital pistas muito mais curtas para sua decolagem. Em outras palavras, as transformações digitais precisam de taxas maiores de aceleração durante as revoluções industriais.

A velocidade e a execução iterativa se complementam para reduzir drasticamente o risco de fracasso das transformações digitais.

Minha recomendação para as organizações que estão no caminho das transformações digitais é que adotem a rapidez (ou, em particular, a "velocidade de inovação") como uma métrica-chave. A velocidade e a execução iterativa se complementam para reduzir drasticamente o risco de fracasso.

Velocidade (de Inovação) como Métrica

A velocidade de inovação — o ritmo da invenção — é uma métrica-chave em muitas organizações visionárias. Considerando as pistas de decolagem mais curtas para as transformações digitais, avaliar um grande funil de ideias, cada uma executada com custo baixo e alta velocidade, é a melhor aposta para atingir alguns sucessos. Esse foco na velocidade é um desafio ainda superior em organizações maiores e mais estáveis, que não são geralmente conhecidas pelas iterações rápidas ou de baixo custo. Empresas bem-sucedidas de tecnologia como Amazon, Netflix e Alphabet desenvolveram essa expectativa de iterações rápidas em suas culturas. As startups, por outro lado, tendem a trabalhar com uma ideia grande, mas são excelentes em iterações de baixo custo e de alta velocidade. O sistema de motivação em uma startup contribui para a agilidade. Quando o dinheiro acaba, o jogo acaba, e você precisa encontrar outro emprego. Isso obviamente não acontece em organizações maiores, levando em conta suas culturas de segurança de emprego e estabilidade. A resposta é estabelecer um modelo de processamento rápido e iterativo de ideias que funcione igualmente bem em grandes organizações. O dinheiro nunca será a mesma restrição em organizações maiores como acontece com as startups. Assim, a alternativa é fazer com que o tempo seja o grande limitador.

Por que Não Há Mais Organizações Impulsionando a Velocidade (e o que Você Pode Fazer Quanto a Isso)

A maioria dos líderes já sabe que a velocidade é uma grande impulsionadora de sucesso na transformação digital. Acredito firmemente que o motivo pelo qual a maioria das organizações não consegue impulsionar a transformação com velocidade está relacionado a questões estruturais. Há dois motivos principais para isso.

Denomino o primeiro motivo de problema da "velocidade de relógio". Uma operação nessa velocidade acontece no ritmo normal em que as decisões e mudanças operacionais ocorrem na organização. (Peguei o termo emprestado do setor de computação, onde a velocidade de relógio é a velocidade operacional de um computador.) Uma vez que os esforços para realizar a transformação digital exigem uma operação em velocidades mais altas, são gerados conflitos dentro da organização, mas isso pode ser superado, como mostrarei posteriormente. O segundo motivo é a situação de "dois mundos", na qual as operações centrais normais da organização entram em conflito com a mudança impulsionada pela equipe de transformação, que buscam alterá-las. Isso pode se dar na forma de políticas internas, práticas ou outros conflitos relacionados com a mudança de operações. Veja algumas maneiras de resolver ambos os problemas.

Uma Abordagem para Resolver Problemas de "Velocidade de Relógio"

Na equipe de NGS, demos início à criação de um novo modelo que entregaria iterações de alta velocidade e baixo custo em 2015. Caso o tempo fosse estabelecido como o limitador do projeto, então nosso modelo operacional precisaria mensurar e divulgar, de forma bem visível, a velocidade da inovação. O modelo operacional teve os cinco estágios de costume envolvidos na inovação — avaliação de paisagem, design, teste de hipótese, teste de campo e implementação. Para aplicar o elemento de velocidade de inovação ao modelo, cada estágio recebeu um objetivo de tempo. Os NGS apresentaram uma série exponencial conveniente em meses que estaria associada a cada estágio respectivo — 1-2-4-8-16. A série exponencial fazia referência ao tempo máximo disponível para cada um dos cinco estágios da inovação. Dessa forma, a avaliação de paisagem teria um mês de duração, o estágio de design teria dois, e assim por diante.

Por que as Transformações Digitais Dão Errado

Para ser honesto, confesso que, de início, essa foi uma série de prazos totalmente forçada e simplista. No entanto, na medida em que os NGS ganharam mais experiência, esses objetivos foram tendo seus detalhes ajustados para cada projeto. Então, por exemplo, experimentos (projetos) altamente disruptivos poderiam receber objetivos com tempos mais longos para o teste de campo e implementação do que aqueles menos transformacionais. Com o passar do tempo, os objetivos reais de velocidade se tornaram menos importantes do que o sentido de motivação que criavam. Cada status de projeto era proeminentemente exibido em um dashboard de 6m x 2m em tempo real, com um relógio marcando os resultados alcançados em comparação com o tempo passado para o estágio. A transparência trazida por esse dashboard de métricas gerou mais orgulho e automotivação do que qualquer outro sistema de recompensas baseado apenas em resultados do projeto.

Resolvendo o Problema dos "Dois Mundos"

O problema dos dois mundos ocorre porque a maioria das organizações acaba ficando inerentemente lenta por causa de controles e equilíbrios introduzidos ao longo dos anos para gerenciar os riscos. Há formulários relacionados com questões legais e de aquisições a serem preenchidos, políticas de TI e padrões de tecnologia para serem atingidos, questões de compliance que o RH e as relações trabalhistas precisam resolver, organizações com processos de trabalho globais a serem alinhadas — e a lista continua. Só para esclarecer, cada um desses passos tem um propósito e valor. A questão é se todos esses processos são necessários durante os estágios iniciais de uma ideia, ou se podem ser aplicados iterativamente e com uma intensidade crescente com o passar do tempo, conforme aconteça a maturação da transformação.

Nos NGS, desenvolvemos a ideia de um "firewall" [barreira de proteção] de inovação para proteger as ideias inovadoras em seus primeiros estágios de desenvolvimento. Não era uma barreira física ou técnica de proteção, mas um processo desenvolvido para proteger o trabalho de inovação disruptiva do impacto normal dos processos corporativos (com exceção dos processos éticos, de segurança e jurídicos, todos obrigatórios). Veja alguns exemplos:

- Enquanto a qualificação normal de fornecedor pode levar semanas ou meses, qualquer fornecedor NGS que atingisse certos critérios estritos poderia estar qualificado dentro de um ou dois dias.

- A segurança das informações e a qualificação do risco, dentro de certos limites (por exemplo, não envolver dados patenteados ou pessoais), poderiam ser feitas em dias, e não mais em meses.

- As novas arquiteturas tecnológicas, além daquelas que normalmente eram padrões obrigatórios, poderiam ser usadas pelos NGS sob condições específicas.

- Os processos de RH foram adaptados para um ambiente de alta agilidade (como a premiação nos NGS por descontinuar um projeto não efetuado, sendo que as despesas gerais e o risco pessoal de qualquer projeto fracassado na organização principal teriam sido altos).

Na sequência, dentro da equipe NGS, desenvolvemos um conjunto de sistemas de recompensa que encorajariam a tomada inteligente de risco. Era permitida uma certa dose de fracasso inteligente como aprendizado. Mencionei o modelo 10-5-4-1 anteriormente, que permitiu vários fracassos de projetos, algumas disrupções médias e poucas do tipo 10X. Tudo certo, desde que o efeito portfólio de todos os projetos ainda fosse muito transformacional. Entre a barreira de proteção da inovação e o sistema de risco 10-5-4-1, a equipe sentiu-se à vontade para pensar grande.

Resumo do Capítulo

- O contratempo inicial do site HealthCare.gov oferece uma lição importante sobre a divisão de grandes projetos "cascata" em execuções iterativas menores.

- Ao lidar com grandes transformações que incluem diversos projetos de alto risco, é importante ter um portfólio com um mix de projetos que mescla alguns negócios de alto risco com alguns de baixo risco para garantir que a diversificação total entregue uma transformação suficiente.

- Os NGS criaram uma abordagem de execução iterativa em seis passos para eliminar o risco da estratégia de disrupção digital, dividindo-a em um mix de portfólio de vários projetos e, depois, aplicando a execução iterativa em cada projeto.

- A velocidade da transformação (a velocidade da inovação) é um grande complemento da execução iterativa. Os projetos transformacionais executados em alta velocidade e com riscos e custos (mais) baixos têm mais chances de sucesso.

- A maioria das organizações reconhece a necessidade da velocidade de transformação. Elas não conseguem intervir nisso por dois motivos: problemas de "velocidade de relógio" e de "dois mundos".

- Nos NGS, o problema da velocidade de relógio foi resolvido ao determinar uma quantidade limitada de tempo para a conclusão de cada estágio do projeto de transformação.

- O problema dos dois mundos foi resolvido pela criação de um "firewall" que isolava as inovações iniciais do impacto total dos processos organizacionais normais.

Sua Checklist de Disciplinas

Avalie sua transformação digital com as perguntas apresentadas na Figura 8 de modo a seguir uma abordagem disciplinada para cada passo na Transformação Digital 5.0.

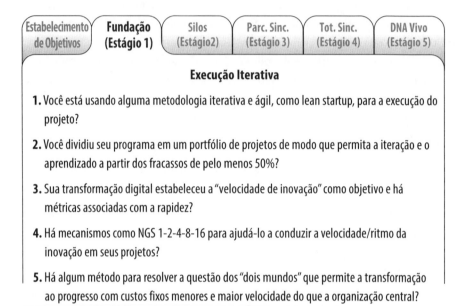

Figura 8 Sua checklist de disciplinas para a execução iterativa

Conteúdo da figura:

Estágios: Estabelecimento de Objetivos | **Fundação (Estágio 1)** | Silos (Estágio 2) | Parc. Sinc. (Estágio 3) | Tot. Sinc. (Estágio 4) | DNA Vivo (Estágio 5)

Execução Iterativa

1. Você está usando alguma metodologia iterativa e ágil, como lean startup, para a execução do projeto?

2. Você dividiu seu programa em um portfólio de projetos de modo que permita a iteração e o aprendizado a partir dos fracassos de pelo menos 50%?

3. Sua transformação digital estabeleceu a "velocidade de inovação" como objetivo e há métricas associadas com a rapidez?

4. Há mecanismos como NGS 1-2-4-8-16 para ajudá-lo a conduzir a velocidade/ritmo da inovação em seus projetos?

5. Há algum método para resolver a questão dos "dois mundos" que permite a transformação ao progresso com custos fixos menores e maior velocidade do que a organização central?

Estágio 2

Silos

O que É o Estágio 2?	O desenvolvimento orgânico de produtos e processos importantes com bases digitais, mas apenas em partes da organização. Os líderes individuais reconheceram a ameaça da disrupção digital e começaram a criar novos modelos de negócios digitais. As transformações em silos são um microcosmo do que esperançosamente se transformará em estágios mais altos de transformação digital.
Causas de Fracasso	Os erros mais comuns incluem líderes de mudança sem o poder suficiente e a tomada de decisões erradas sobre o que transformar.
Disciplinas para Enfrentar os Riscos	▪ *Empoderamento de Disrupção* dos líderes da mudança. ▪ Identificação dos *Pontos de Vantagem Digital*.

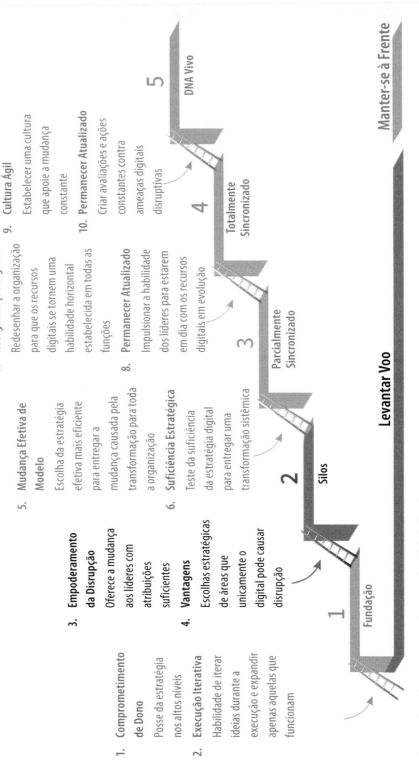

Figura 9 Disciplinas para a transformação digital do Estágio 2

Capítulo 5

Empoderamento da Disrupção

A transformação digital é difícil mesmo no nível de Silos do Estágio 2. É necessário ir contra o fluxo natural de diversas coisas que, historicamente, tornaram o empreendimento um sucesso. A mudança é gigantesca e seus líderes necessitarão de uma ampla autoridade nunca antes vista, juntamente com suportes top-down e bottom-up. Isso é algo lógico, e a maioria dos líderes compreende. O desafio é atingir uma precisão sobre o significado de "suporte".

Neste capítulo, explico com mais detalhes a disciplina de como dar esse suporte. Isso inclui o estabelecimento de uma visão inspiradora, ou um propósito transformador massivo (PTM) que mobilize a organização inteira. O segundo elemento é a oferta de uma "cobertura aérea" (ou seja, suporte dos níveis mais altos) muito tangível para os líderes da mudança assumirem os riscos necessários. O terceiro elemento é a criação de motivação informal da liderança ao divulgarem que estão arriscando a própria pele na mudança, e a tacada final é a superação da inércia inicial por meio da seleção de um pipeline alimentador de áreas que possam imediatamente demonstrar progresso.

Esses quatro elementos de suporte não são aleatórios. Eles se provaram fatores essenciais de sucesso nos NGS e continuam aparecendo em estudos de caso sobre por que as transformações digitais dão errado. Eles são comuns tanto para as transformações digitais como para as não digitais. Para ilustrar essa ideia, começo com dois exemplos. O primeiro é a tentativa frustrada de aplicar o sistema métrico nos Estados Unidos.

Por que a Tentativa de Introduzir o Sistema Métrico nos EUA Deu Errado

Já se perguntou alguma vez por que os EUA ainda não adotaram o sistema métrico, assim como o resto do mundo? Não foi por falta de tentativas. Houve vários esforços nesse sentido, incluindo aqueles promovidos pelo Escritório Nacional de Padrões nos anos 1960, um decreto do Congresso dos EUA no fim dos anos 1960 e até mesmo uma lei aprovada sob o Decreto de Conversão Métrica de 1975, declarando o sistema métrico como o "sistema preferencial de pesos e medidas para negócios e comércio nos EUA".

O fracasso dessa última tentativa, ocorrida nos anos 1970 e 1980, é um bom estudo de caso sobre o efeito de um suporte confuso por parte dos patrocinadores em grandes transformações. A execução se deparou quase que imediatamente com indiferença e resistência. Em 1981, o Comitê Métrico dos EUA (United States Metric Board — USMB), que fora criado anteriormente para conduzir a transição para o sistema métrico, relatou que necessitavam de uma ordem do Congresso para concluir sua missão. Não conseguiram. Finalmente, em 1982, a administração Reagan desfez o USMB devido a uma combinação de fatores, incluindo a falta de resultados, bem como uma pressão para reduzir os gastos públicos.

58   Por que as Transformações Digitais Dão Errado

O fato de que o USMB teve que pedir uma ordem do Congresso para conduzir a mudança é um sinal claro de que não estavam empoderados para executar a conversão. Compare esse resultado com as várias transformações digitais de sucesso realizadas pelo governo da Singapura. É uma boa lição sobre a importância da mudança empoderada.

Contexto da Tentativa de Conversão ao Sistema Métrico nos Anos 1970

Os únicos três países do mundo que não adotaram o sistema métrico para pesos e medidas, nem estão no processo para adotá-lo, são os Estados Unidos, Mianmar e Libéria. Para ser justo, os EUA usam mais o sistema métrico do que se pensa. Mesmo que produtos alimentícios sejam vendidos por libras, os refrigerantes são negociados por litro. Usos cotidianos populares (como a velocidade de carros em milhas) continuam com as unidades de costume nos EUA, mas a maioria das medidas científicas no país usa o sistema métrico. Essa desconexão é geralmente atribuída ao custo-benefício de um esforço para a mudança: seria muito caro realizar a conversão para o sistema métrico e o benefício disso não está claro para a maioria das pessoas. A grande chance de conversão foi em 1975. Houve um plano, uma lei para a aplicação e uma comissão oficial para liderar a transição. No entanto, deu errado.

A história da tentativa de adoção do sistema métrico remonta a Thomas Jefferson. A primeira reunião do Congresso em 1789 discutiu o assunto de pesos e medidas. Jefferson enviou uma proposta para um sistema com base decimal que se parecia muito com o sistema métrico atual. Ele não foi adotado por falta de suporte da comunidade científica. Sabe-se que até mesmo Alexander Graham Bell pleiteou junto ao Comitê de Cunhagem, Pesos e Medidas à Câmara de Deputados dos EUA em 1906, alegando que "Poucas pessoas possuem qualquer concepção adequada a respeito do enorme esforço desnecessário para usar nossos pesos e medidas atuais". Mas isso também não deu em nada.

Como a Tentativa de Implementação do Sistema Métrico Deu Errado

A melhor tentativa de conversão feita pelos EUA ocorreu nos anos 1960 e 1970. Em 1964, o Escritório Nacional de Padrões (atualmente denominado de Instituto de Padrões e Tecnologia — National Institute of Standards and Technology, ou NIST) aproximou o país do sistema métrico, declarando que o adotariam, com exceção para as áreas que seriam afetadas negativamente. Com isso, o pêndulo parecia balançar na direção do sistema métrico. Em 1968, o Congresso homologou o Estudo Métrico dos EUA, que recomendava que o país deveria adotar uma sequência cuidadosa de fases de transição para o sistema métrico durante a década seguinte. Isso levou o Congresso a aprovar o Decreto de Conversão ao Sistema Métrico de 1975 e à aprovação do Comitê Métrico dos EUA (USMB) para conduzir os processos de planejamento, conversão e educação.

A execução sofreu indiferença e resistência quase que imediatamente. Foi realizado um progresso pífio, e o USMB recebeu pouco suporte, seja do setor público ou privado. Cansado de tanto esforço sem sair do lugar, o USMB solicitou em 1981 que o Congresso expedisse uma ordem clara para a execução. Houve pouquíssima vontade congressista para tanto. Em 1982, a administração Reagan avaliou a falta de progresso e o custo da migração, decidindo que não valia a pena. A tentativa de transição ao sistema métrico foi, por fim, abandonada.

Pode ser tentador jogar a culpa do fracasso desse episódio na falta proverbial de prioridades governamentais consistentes e de execução profissional. A verdade é que isso não é muito diferente do cabo de guerra e das críticas e dúvidas que ocorrem durante as transformações na maioria das corporações. Não houve uma proposta comum clara que pudesse mobilizar o país ou os líderes da mudança. O interessante é que houve um argumento financeiro para a mudança, mas foi difícil de compreender. O USMB, que liderou a mudança nesse caso, não tinha cobertura aérea do Congresso, que, em teoria, era o patrocinador dessa mudança. Nem o Congresso ou o presidente estavam arriscando a própria pele no jogo.

A maioria das tentativas de transformações digitais acaba sendo incrivelmente parecidas com o projeto do sistema métrico nos EUA. Vamos contrastar isso com o exemplo de uma transformação mais bem-sucedida da história recente.

A Reestruturação do *Washington Post*

Sob a superfície da recente reestruturação do *Washington Post* está o uso bem-sucedido da tecnologia, conduzido pelo dono, fundador e CEO da Amazon, Jeff Bezos. O jornal estava em maus lençóis em 2013. As receitas caíram 7% em 2012, totalizando US$581 milhões. O jornal acabara de registrar uma perda de US$54 milhões, após o prejuízo de US$21 milhões no ano anterior. As receitas provenientes da publicidade impressa continuavam a diminuir. Haviam caído cerca de 14% em 2012. A circulação da edição impressa também caíra 2%. Eles não eram os únicos; jornais e revistas similarmente icônicos também estavam sofrendo. O *Boston Globe* acabara de ser vendido por US$70 milhões. A *Newsweek* foi vendida por mero US$1 (embora na venda tenham sido incluídas todas as obrigações financeiras acumuladas da revista). Quando Jeff Bezos aceitou a oferta para comprar o *Washington Post* por US$250 milhões, as opiniões ficaram divididas: seria apenas uma doação de caridade à instituição lendária ou uma decisão inteligente de negócios que simplesmente não estava aparente para os outros?

Adiantemos para 2017. O *Post* anunciou planos de contratar mais de 60 jornalistas após anos de desligamentos e contratações congeladas. O jornal não tem capital aberto, então os resultados financeiros não são publicados abertamente; no entanto, a *Forbes* reportou que o editor Fred Ryan compartilhou com seus funcionários que o jornal agora está "lucrativo e em crescimento". As assinaturas cresceram 75% e as assinaturas da versão digital dobraram. As visitas ao site ultrapassaram as do *New York Times* pela primeira vez.

O que Bezos fez para ressuscitar o *Post*? Ele estabeleceu a visão de transformá-lo em um grande jornal nacional e global, deu suporte e forneceu um alto grau de liberdade para o lado editorial do negócio, enquanto drasticamente transformou as partes digitais e centradas no consumidor. Ele realmente arriscou sua pele no negócio em termos de investimentos, e pessoalmente participou em grande parte da transformação tecnológica. O box a seguir apresenta mais detalhes sobre as ações de Bezos. No restante do capítulo, codifico as ações que definem o suporte sistêmico e o empoderamento durante as transformações digitais.

Como Funcionou a Reestruturação do *Washington Post*

Para alguém que administra uma das maiores varejistas do mundo e, além disso, uma empresa de exploração espacial, Jeff Bezos foi muito participativo nas operações do *Washington Post*, especialmente na transformação digital.

Bezos estabeleceu uma visão convincente de transformar "um grande jornal local em um grande jornal nacional e global". Ele desenvolveu um novo modelo digital de negócios no qual um grande número de usuários testa o produto por meio das mídias sociais e, então, tornam-se compradores repetidos para produtos de valores mais altos. Depois, Bezos estabeleceu um grupo de líderes de mudança altamente empoderados como pano de fundo de sua estratégia. De muitas maneiras, ele é o dono de jornal que qualquer editor sonha em ter como chefe, oferecendo uma grande autonomia editorial combinada com paciência quanto aos resultados financeiros em curto prazo. Essa paciência estratégica permitiu que o lado editorial prosperasse enquanto conduzia a conversão do jornal em uma publicação primariamente digital no *Post*.

Bezos investiu US$50 milhões, sendo a maior parte em tecnologia e na redação. Ele triplicou o tamanho da equipe de engenharia por lá, que agora possui recursos de TI que chegam a fazer concorrência com empresas de tecnologia. Quanto à parte tecnológica, os engenheiros têm a liberdade de contactá-lo, pois ele está pessoalmente envolvido. Outro fator desenvolvido por ele foi a impulsão de uma experiência superior dos usuários, oferecendo inovações na velocidade de carregamento das páginas.

Outra página do manual da Amazon que foi copiada e aplicada no *Post* é que agora estão vendendo suas ferramentas internas para outros jornais. A ferramenta é chamada Arc Publishing. Ela fornece uma plataforma digital que atende necessidades complexas de publicação, distribuição de conteúdo e data mining, já possuindo mais de uma dezena de clientes e buscando uma renda anual de US$100 milhões. Isso se assemelha à estratégia da Amazon, que desmembrou serviços internos como o Amazon Web Services.

A Disciplina do Empoderamento da Disrupção

Há um ponto em comum nas histórias do sistema métrico e do *Washington Post*, pois ambas tinham visões disruptivas. No entanto, apenas um lado possuía o PTM, a cobertura aérea, a pele em jogo e um pipeline alimentador de projetos iniciais. A execução disciplinada desses quatro itens é o que chamo de "empoderamento da disrupção" (veja a Figura 10). Isso cria as condições para que os líderes de mudança executem transformações difíceis. Vamos analisar mais profundamente cada um deles.

Propósito Transformador Massivo (PTM)

Um propósito transformador massivo, ou PTM, é o propósito inspirador mais alto da organização. Ele é diferente das declarações de visão tradicionais não apenas por seu formato conciso, mas também pela pura magnitude de transformação por ele declarada. O livro de Salim Ismail, *Organizações Exponenciais*, deixa muito claro que isso não é apenas uma modinha do Vale do Silício. Parece que a maioria das organizações exponenciais possui um:

- Google: Organizar a informação mundial
- XPRIZE: Possibilitar o impossível
- Microsoft: Um computador em cada lar e em cada mesa
- Tesla: Acelerar a transição mundial para o transporte sustentável

O diferencial no PTM é sua habilidade para gerar uma tração e motivar uma comunidade a fazer algo praticamente impossível. Há quase que um senso imediato de destino manifesto que pode resultar de um PTM forte que cria uma união dos condutores da mudança, dos membros da comunidade e daqueles que são afetados pela mudança.

Por isso, é importante estabelecer pelo menos um PTM experimental no início do estágio de homologação de sua transformação digital. É importante cativar os corações, mentes e imaginações não apenas da equipe central que está conduzindo a disrupção, mas da comunidade maior e da população que estará participando. Os funcionários do *Washington Post* sem dúvida estão motivados pelo objetivo de deixarem de ser um grande jornal local para serem um grande jornal global. Por outro lado, em nosso exemplo da conversão ao sistema métrico, não havia um objetivo inspirador similar que cativasse a imaginação de todos os stakeholders.

Figura 10 Os elementos do empoderamento da disrupção

Nos Serviços de Nova Geração (NGS) da P&G, realizamos um exercício no início da formação da equipe em que fizemos um brainstorming sobre as várias opções para um PTM. Ficamos com duas opções: "Funcionários livres, livre de custos" e "Causar disrupção no setor de serviços compartilhados". Escolhemos o segundo porque sentimos que trazia em si um escopo de trabalho maior e mais empolgante, que foi além da transformação das potencialidades do funcionário.

Cobertura Aérea para Assumir Riscos e Aprender com os Fracassos

Coloquemo-nos no lugar dos líderes da transformação por um momento. Eles acabaram de ser escolhidos para um empreendimento empolgante, mas arriscado. Tirando o executivo sênior que está patrocinando a mudança, todos os outros veem seus trabalhos com certa suspeição e medo. Os sistemas de recompensa e cultura prevalecentes provavelmente também serão mudados. Como continuam a enfrentar isso sem ficarem paralisados ou sem segurança quanto às suas carreiras?

É o papel do patrocinador não apenas legitimar seus trabalhos, mas fornecer-lhes um suporte feito sob medida para aliviar as possíveis reações do sistema imunológico corporativo (veremos mais sobre isso no Capítulo 7). A melhor forma de fazer isso é proativamente abordar os líderes da transformação, qualquer outra pessoa afetada pela mudança e os stakeholders auxiliares.

Os líderes da transformação precisam compreender não apenas os critérios de sucesso, mas também os princípios e comportamentos que serão esperados deles. Veja um exemplo do que foi escolhido na equipe NGS:

- A velocidade é mais importante do que a perfeição.

- Esperamos que apenas 10% dos experimentos (projetos) sejam bem-sucedidos e que a equipe fracassará rápido com o objetivo de aprender.

- Eles têm carta branca para conduzir a mudança dentro de certos limites predefinidos, e serão recompensados por assumirem riscos inteligentes.

- Haverá um mecanismo rápido de escalada e suporte para ajudar a protegê-los do ruído gerado pelas reações do sistema imunológico corporativo.

As pessoas afetadas pela mudança também precisariam compreender como receberão cuidados durante a mudança. Exemplos dos tipos de questões que precisam ser respondidas incluem:

- Em que estamos nos transformando? E como isso estará no melhor de seus interesses (ou, pelo menos, ter um efeito neutro em seus interesses)?

- Qual é o papel que precisam desempenhar durante a mudança?

- Como seus sistemas de recompensas serão moldados para darem suporte à transformação?

Os stakeholders auxiliares também exercem um papel essencial para possibilitar a transformação. Elas precisam compreender onde precisam ajudar e quando precisam ficar distantes, respondendo às seguintes perguntas:

- Qual é a transformação, e o que é crucial?

- Qual é o papel que precisam exercer, e onde provavelmente serão chamados para ajudar?

- Quais são os sinais de disponibilidade que precisam enviar às suas organizações para apoiarem a transformação?

Resolver essas questões com os líderes da mudança, os afetados pela mudança e os stakeholders auxiliares estabelece os sistemas de recompensa necessários para o sucesso. A liderança dos Serviços de Negócios Globais da P&G foi muito deliberada para possibilitar isso.

A segunda maneira como a cobertura aérea pode ser fornecida é se comprometer abertamente com ela como uma estratégia importante, e comunicar o fato de forma direta. O presidente da GBS, Julio Nemeth, realizou com entusiasmo esse papel. A liberdade permitida por tal cobertura aérea faz muito em termos de entregar uma transformação rápida e efetiva. Aqueles atribuídos com o projeto de conversão ao sistema métrico nos EUA continuaram sob ataque de alguns membros do mesmo Congresso que os havia legitimado para liderarem o trabalho. Isso é o *contrário* de cobertura aérea!

Arriscando a Própria Pele

Como dizem, a pele da liderança no jogo é a diferença entre envolver-se e estar comprometido, como no caso do presunto e dos ovos — a galinha estava envolvida, mas o porco, comprometido.

Warren Buffett geralmente usa esse conceito no contexto de líderes de empresa que investem em empresas que administram, e o termo é, dessa forma, incorretamente atribuído a ele. A analogia é perfeita para os líderes da transformação digital. Para a mudança no empreendimento inteiro, a liderança executiva, do dono/líder/CEO para baixo, precisa realmente arriscar a própria pele. A diferença disso nos exemplos do fracasso do sistema métrico e da reestruturação do *Washington Post* foi clara. O Congresso teve pouquíssima pele em jogo para a mudança para o sistema métrico. E mesmo esse comprometimento mínimo que havia foi totalmente enfraquecido após a mudança das administrações. Por outro lado, Bezos investiu seu próprio dinheiro no *Washington Post*, embora arriscar a própria pele não tenha que ser algo estritamente monetário. Investimento de tempo pessoal é tão importante quanto. Na P&G, a liderança GBS estava completamente aberta com seu tempo para o trabalho nos NGS. Eu trabalhava nas mesmas mesas do escritório integrado que o restante da equipe, de modo a permitir reuniões informais e decisões rápidas. Julio gastava várias horas por mês na base do projeto. Cada patrocinador GBS fornecia informações semanais sobre seus projetos.

Arriscar a própria pele no jogo (skin in the game) também pode vir de outras formas. Pode ser uma declaração aberta de comprometimento com os resultados da empresa. Então, por exemplo, ao converter a publicidade das formas tradicionais, via impressa ou TV para plataformas digitais, uma combinação tanto do valor monetário comprometido com as mídias digitais quanto do comprometimento com os resultados em atingir determinados marcos em cada uma das unidades da empresa conduzirá a conversão mais rapidamente do que apenas um objetivo geral em termos corporativos.

Pipeline Alimentador para Iniciar a Disrupção

Um dos problemas mais difíceis enfrentados pelo líder da transformação é manter o impulso em movimento. Durante os primeiros dias, a velocidade é muito importante. Assim como desvendar um crime, em que a probabilidade de prender o criminoso cai drasticamente após os primeiros dias, a falta de impulso pode acabar com uma transformação digital. A melhor forma de desenvolver o impulso é obter uma vitória rápida. Os patrocinadores experientes sabem como munir o impulso com um bom projeto de abertura, algo que gerará uma vitória rápida e ajudará a desenvolver o impulso. Nos NGS, selecionamos a dedo alguns executivos seniores operacionais altamente confiáveis de cada uma das linhas de serviço GBS para trabalharem em tempo integral nos NGS. Eles conseguiram identificar e semear os primeiros esforços para transformar suas operações prévias rapidamente. Do lote com quatro experimentos (projetos) que tiveram início no verão de 2015, tínhamos certeza de que pelo menos um nos daria grandes resultados de uma vitória rápida dentro de três meses.

Resumo do Capítulo

- A transformação digital é uma mudança difícil. Não investir o suficiente no empoderamento dos líderes da transformação é um erro que geralmente aparece para arruinar o progresso.

- A tentativa de conversão ao sistema métrico de 1975 nos EUA caiu por terra em alguns anos porque os líderes da mudança (o Comitê Métrico dos EUA) não estavam empoderados o suficiente pelo Congresso para conduzir a mudança.

- Por contraste, o conselho de administração editorial e os líderes de tecnologia do *Washington Post* testemunharam profundos comprometimento e empoderamento por parte do dono, Jeff Bezos, na condução da transformação digital.

- Para codificar o empoderamento da disrupção, quatro elementos foram identificados:

  ▶ **Propósito transformador massivo** (PTM) — articulando um propósito ambicioso de ordem mais alta que motiva e atrai as pessoas para o objetivo.

- **Cobertura aérea para assumir riscos e falhar rapidamente** — fornecer à equipe de transformação a liberdade para ser uma equipe que "aprende com a prática".

- **Pele da liderança no jogo** — claramente alinhar seu sucesso pessoal com o sucesso da mudança por meio de um nível visível de comprometimento pessoal.

- **Pipeline alimentador para começar a disrupção** — ajudar a engrenagem da transformação a continuar rodando pela implementação da escolha de esforços que trarão vitórias rápidas.

Sua Checklist de Disciplinas

Avalie sua transformação digital com as perguntas apresentadas na Figura 11 de modo a seguir uma abordagem disciplinada para cada passo na Transformação Digital 5.0.

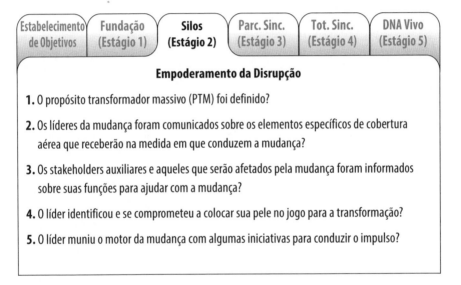

Figura 11 Sua checklist de disciplinas do empoderamento da disrupção

Capítulo 6

Pontos de Vantagem Digital

Um dos problemas com a transformação digital é que a tecnologia está tão disseminada que decidir onde potencializá-la pode ser um desafio. Seguir uma metodologia disciplinada para resolver isso é possível, como veremos no exemplo a seguir.

A Netflix é provavelmente a mais conhecida disruptora em série na história corporativa moderna. Ela causou disrupção em modelos de negócios pelo menos três vezes em 20 anos (isto é, a disrupção das locadoras físicas por meio de DVDs enviados por correspondência, depois o streaming de vídeos e a criação de conteúdo original) e agora está trabalhando em sua quarta (impulsionar sua presença internacional).

O que a Netflix e outras disruptoras em série têm é a habilidade excepcional de compreender onde a tecnologia digital pode ser mais impulsionada para criar ou possibilitar modelos disruptivos de negócios. Chamo isso de "pontos de vantagem tecnológica".

Pontos de vantagem digital são simplesmente as melhores áreas nas quais a tecnologia digital pode ser impulsionada.

Os Pontos de Vantagem Digital da Netflix

As múltiplas disrupções da Netflix possuem algumas coisas em comum. Todas buscam conduzir a penetração de mercado, juntamente com uma experiência excelente do consumidor e preços muito baixos. Sob a superfície, todas essas coisas são sustentadas pela habilidade da companhia de agir rapidamente diante das mudanças, sua cultura invejável e uma disposição constante para impulsionar a tecnologia, de modo a transformar seu próprio modelo de negócio. Esses últimos três itens são os pontos de vantagem digital da Netflix.

O Registro de Disrupções Repetidas Causadas pela Netflix

O que a Netflix é, exatamente? Ela foi fundada em 1997 por dois engenheiros de software, Reed Hastings e Marc Randolph, para alugar filmes em DVD pela internet. Curiosamente, há relatos de que Hastings teve a ideia da Netflix após ter pago US$40 em multas por atraso na entrega do filme *Apollo 13*. Essa história foi desacreditada mais recentemente por Randolph, quando disse que foi apenas uma maneira conveniente de explicar o modelo único da Netflix. A origem da ideia não é importante; o que tem relevância é a habilidade da empresa de continuar mudando o que a Netflix é exatamente.

A primeira transformação foi a substituição das locadoras físicas pelas assinaturas baseadas em e-commerce na internet. Quando lançaram a empresa em 1998, a Netflix tinha apenas 925 títulos de filmes. Aparentemente, ofereceram uma parceria à Blockbuster em 2000, que foi rejeitada. Em uma contrapartida irônica, a Blockbuster, cinco anos depois disso, acabou fora do mercado, em grande parte graças à Netflix. A segunda transformação foi em 2007, quando passaram a oferecer conteúdo por streaming. Por uma assinatura baratinha, os assinantes poderiam acessar uma grande biblioteca de conteúdos on demand. A terceira transformação veio com a criação de conteúdo original, começando com o lançamento de *House of Cards* em 2013. E a Netflix pode se transformar novamente pela quarta vez com o avanço de seu negócio internacional.

Então, como a Netflix continua registrando sua invejável sequência de transformações, enquanto a maioria das empresas luta para transformar seus negócios uma só vez? Claramente, há elementos relacionados com a liderança e sua cultura organizacional mais ampla que possibilitam a transformação em série. Mas isso explicaria como as transformações da Netflix dão certo em quase todas as tentativas? A realidade é que a empresa está, nitidamente, muito ciente de seus pontos de vantagem para detectar tendências futuras usando sua cultura ágil e empregando plataformas tecnológicas de última geração.

Detecte a Disrupção Logo Cedo e Use-a

Quando a Netflix foi criada, tudo o que queriam era ser a maior empresa do mundo de envio de DVDs por correspondência. Então, Hastings percebeu que, cinco anos após o princípio da empresa, as velocidades da internet de banda larga aumentariam exponencialmente. Naquele ritmo, a experiência do consumidor para fazer pedidos de DVDs e ter que esperar alguns dias para recebê-los por correspondência sofreria disrupção pelo modelo de gratificação instantânea do vídeo on demand. Hoje, a mudança de envio de DVDs por correspondência para streaming parece lógica, mas foi uma decisão extremamente ousada em um momento em que a velocidade da internet era modesta, e seu negócio dos DVDs estava prosperando. Hoje, a Netflix representa um terço de toda a banda larga nos EUA. Essa habilidade de detectar forças disruptivas e impulsioná-las antes da concorrência continua a servi-los muito bem.[21]

A Cultura como um Ingrediente Vitorioso

O segundo ponto de vantagem é a cultura organizacional da Netflix, que é lendária. A empresa empodera verdadeiramente seus funcionários e minimiza os processos considerados normais por outras organizações de RH. A Netflix trata seus funcionários como "adultos totalmente formados". A premissa básica é que seus funcionários querem fazer a coisa certa pela empresa, com a liberdade de que entregarão seu melhor, assumindo os riscos apropriados para inovar. Assim, não há relatórios caros para serem aprovados, você pode ter férias ilimitadas, não há avaliações anuais de rendimento e os pacotes de compensações são lucrativos.[22]

Tecnologia Disruptiva

O terceiro ponto é a vantagem tecnológica da Netflix. A empresa escolheu uma arquitetura técnica extremamente escalonável e aberta logo de início. Seja otimizando seus sistemas de distribuição físicos de DVDs ou seu streaming de vídeo, eles impulsionaram sua fundação técnica como uma força. A Netflix converte cada filme em mais de cinquenta versões, considerando os tamanhos diferentes de telas e de qualidade, e as armazena, a fim de que o filme não tenha que ser convertido na hora do download para se adequar ao tamanho e à resolução de sua tela. O interessante é que, para o streaming, a Netflix usa os servidores da Amazon — uma de suas concorrentes.[23] Essa habilidade de diferenciar um ponto de vantagem de um serviço de commodity é estrategicamente importante.

■ ■ ■

Em resumo, a Netflix continua transformando seus modelos de negócio repetidamente por ser disciplinada ao impulsionar suas forças de agilidade de mercado, cultura e superioridade técnica. Agora, vamos contrastar isso com o caso de uma organização que não foi muito afortunada ao compreender seus pontos de vantagem digital.

O Programa "Inovar" do McDonald's

Em 2001, a gigantesca e internacional rede de fast-food McDonald's iniciou um ambicioso programa de digitalização chamado "Inovar". Eles fariam a conexão de cada um de seus restaurantes com a central por meio de uma rede global de TI.[24] A escala de digitalização não tinha precedentes. Ela substituiria seus sistemas internos com dez anos de existência por um software de planejamento de recursos empresariais que cuidava dos recursos humanos, gestão financeira e sistemas de cadeia de suprimento. Seriam fornecidos esses recursos de apoio administrativo em tempo real para mais de 10 mil restaurantes no mundo todo, assim como para mais de 300 fornecedores.

O intento do McDonald's era louvável. Eles usariam a tecnologia para fazer aquilo em que eram especialistas — oferecer o serviço mais rápido e consistente para seus clientes. No entanto, em 2002, a empresa teve perdas de US$170 milhões e abandonou o programa Inovar.[25]

O Inovar era certamente uma ideia ambiciosa. No entanto, embora a tecnologia por si só não fosse a grande ideia, o projeto era administrado como uma iniciativa tecnológica. O pior era que as franquias já estavam céticas quanto ao TI da empresa, desde que uma implementação anterior acabou deixando o sistema mais lento. Diferentemente da Netflix, que demonstrou os recursos tecnológicos em sua essência, a tecnologia em si não era um ponto de vantagem digital viável para o McDonald's naquela época. Caso contrário, a empresa poderia ter transformado a eficiência de seus modelos fortes de franquia e fornecimento por meio da tecnologia. Mas não foi assim que a iniciativa foi realizada.

Também houve problemas com relação a custo, escopo excessivo e metodologia ruim de execução, mas esses são fatores secundários à questão de compreender os pontos de vantagem para a transformação. Independentemente dos problemas, o McDonald's deveria receber créditos por dar início ao projeto rapidamente. A única coisa pior que um projeto ruim é um projeto ruim que se arrasta.

Compreendendo os Pontos de Vantagem Digital

Os pontos de vantagem digital são áreas estratégicas dentro de um empreendimento no qual a tecnologia possui o impacto mais *transformacional* (isto é, não apenas automação) na Quarta Revolução Industrial. Eles podem ser identificados por meio de uma compreensão profunda das oportunidades e escolhas estratégicas da organização. É aqui que as principais apostas de transformação digital devem ser feitas, como o varejo digital (Walmart, por exemplo), big data (a maioria dos planos de saúde), orientação central no usuário (Zappos) e assim por diante. Os pontos de vantagem digital podem ser internos ou externos ao empreendimento. Fazer as apostas de transformação digital em recursos internos é igualmente válido, assim como em uma logística muito eficiente (Amazon), pesquisa e desenvolvimento (Intel), cadeia de suprimentos (Apple) e outras.

Os pontos de vantagem digital são relativos a cada empreendimento. Eles se diferem daqueles em outros setores e podem ser diferentes daqueles de seus concorrentes.

O desafio na identificação desses pontos é a pressuposição de determinada compreensão sobre o que a tecnologia digital pode fazer. Esse é o dilema perante o qual a maioria dos líderes se encontra. Caso esteja inseguro sobre onde a tecnologia disruptiva pode atuar em seu modelo de negócio, então como você pode escolher estrategicamente as áreas certas?

A boa notícia é que há uma sequência deliberada de passos que podem ser seguidos. Novas ferramentas ou metodologias nem mesmo são necessárias, como você perceberá nos próximos parágrafos. A resposta, mais uma vez, é a disciplina. Ela envolve uma abordagem deliberada que começa com "o necessário", depois avalia "o possível" para, finalmente, conectar os dois a partir da criatividade estruturada. Especificamente:

- *Comece com as forças, oportunidades e pontos deficientes do negócio.* Isso deve fazer conexão com os processos estratégicos normais. Não tem como errar muito caso esteja jogando com oportunidades estratégicas.

- *Compreenda as possibilidades digitais.* Fale com especialistas internos ou externos para compreender o que a tecnologia digital pode fazer com relação aos objetivos do empreendimento. Um nível básico de alfabetização digital ajuda a levar isso adiante.

- *Transforme as forças estratégicas, as oportunidades e os pontos deficientes em grandes ideias que usam o digital.* Use processos criativos para conectar as possibilidades digitais com as áreas de força ou oportunidade. O uso de abordagens como design thinking pode ser de grande ajuda.

Agora, vamos analisar cada um desses passos com mais profundidade.

Comece com as Forças, Oportunidades ou Pontos Deficientes Estratégicos

A transformação disruptiva surge de uma destas três áreas em qualquer organização:

- Permitir novos modelos de negócio
- Criar novos tipos de ofertas de produtos ou serviços digitais
- Transformar processos operacionais para obter vantagem competitiva

O ponto inicial é a identificação de oportunidades estratégicas. Há vários processos de desenvolvimentos de estratégia e de renovação que podem ser úteis. Um dos favoritos é o Modelo de Negócio Canvas.

O Modelo de Negócio Canvas (Figura 12) foi criado por Alexander Osterwalder em 2008 para representar visualmente e alinhar as escolhas estratégicas em proposta de valor, infraestrutura, clientes e finanças. Inserir as possibilidades digitais nessa mistura pode ajudá-lo a identificar ideias em potencial e trocas em novos modelos de negócios, novas ofertas de negócios e processos operacionais transformativos.

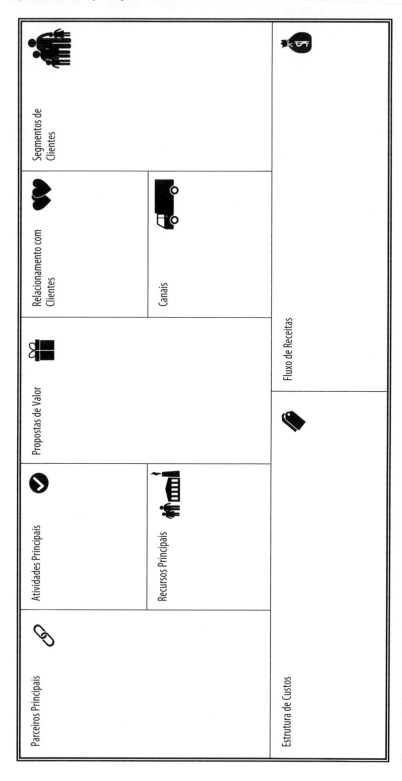

Figura 12 Modelo de Negócio Canvas

Compreenda as Possibilidades Digitais

A boa notícia quanto à tecnologia é que ela geralmente possui mais recursos do que percebemos. A má notícia é que o diabo mora nos detalhes. É necessário impulsionar recursos internos e externos exatamente onde as tecnologias exponenciais podem se engrenar com as oportunidades identificadas no passo anterior. O Capítulo 10, "Permanecer Atualizado", ajuda no desenvolvimento sistêmico desse conhecimento, mas também é possível lidar com isso situacionalmente. O segredo é compreender quais são as tendências das tecnologias mais disruptivas, assim como ter domínio preciso de suas limitações.

Como mencionado no Capítulo 2, instituições como a Singularity University (SU) são mestres na identificação de tendências futuras. Elas oferecem insights sobre o incrível futuro, mas usam exemplos atuais e tangíveis, que podem ajudar a desencadear outras ideias. Afinal, "o futuro já está aqui — ele apenas não está distribuído igualmente", frase atribuída a William Ford Gibson, escritor de ficção científica que foi chamado de "profeta noir" da ficção cyberpunk. Analisar casos específicos em que o "futuro já está aqui" ajuda muito.

Vejamos alguns exemplos. Várias cidades grandes fazem uso de uma tecnologia chamada ShotSpotter, que usa sensores e algoritmos para identificar a localização de tiros disparados com uma precisão de 10 metros, em tempo real. Robôs são usados no Oriente Médio como jóqueis de corrida de camelo. O poder da computação em rede continua a crescer vertiginosamente. Dez anos atrás, cerca de 500 mil aparelhos de computação estavam conectados globalmente em uma rede. Até 2020, esse número ultrapassará os 50 bilhões. Enquanto isso, o poder de computadores individuais continua a disparar. O chip comum de telefone atualmente faz 1 bilhão de cálculos por segundo e é o componente mais caro no aparelho. Por sua vez, a IA continua a ficar cada vez mais poderosa. Ela é usada para escanear formulários de impostos e para escrever pequenas atualizações de notícias. De forma similar, softwares de robótica estão começando a substituir muitos recursos internacionais de terceirização dos processos do negócio (Business Process Outsourcing — BPO). Isso é o futuro que já está aqui.

Para equilibrar a avaliação de possibilidades futuras, também é muito importante compreender as limitações dessas tecnologias. É aqui que especialistas técnicos confiáveis podem ajudar. Para ilustrar isso com um exemplo geral: ao impulsionar a tecnologia disruptiva, é crucial entender que ela tem apenas um terço do poder em termos de transformação digital. Há duas outras forças que multiplicam esse impacto (veja a Figura 13).

A primeira representa os processos exponenciais, que trata de eliminar as partes intermediárias dos processos de trabalho para pular diretamente aos resultados com a menor quantidade possível de passos. Um exemplo dessa ideia é dos centros de atendimento aos consumidores. Apesar da Amazon estar em todos os lugares de varejo, com que frequência ligamos para seu atendimento ao consumidor? É um processo que foi quase eliminado por meio do redesenho da gestão de pedidos das operações logísticas, além de oferecer uma visibilidade total aos consumidores sobre seus pedidos na forma de autosserviço. O segundo multiplicador de força são os ecossistemas exponenciais. O Airbnb e a Uber não teriam ido muito longe sem a economia compartilhada e a habilidade de acessar um ecossistema de recursos que multiplicaram os ativos disponíveis para eles.

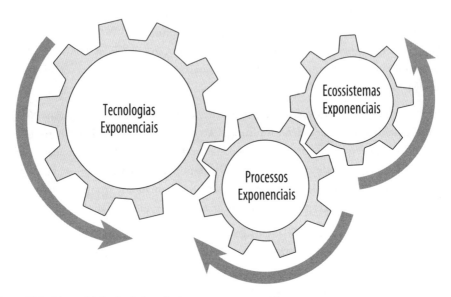

Figura 13 O efeito multiplicador da tecnologia + processo + ecossistemas

Juntos, esses três recursos multiplicam as possibilidades em termos de transformação digital.

Limitações Tecnológicas: Por que a Tecnologia É Apenas Um Terço da Disrupção

Compreender as possibilidades das tecnologias digitais é mais intricado do que compreender seus recursos técnicos. A interconexão entre as tecnologias exponenciais, os processos de trabalho exponenciais e os ecossistemas exponenciais pode entregar transformações gigantescas, além do que as tecnologias podem oferecer individualmente. Os processos de trabalho exponenciais e os ecossistemas podem multiplicar os efeitos da tecnologia.

Tecnologias Exponenciais: As tecnologias exponenciais são os recursos mais disruptivos possíveis, pois mostram uma promessa exponencial. Embora o conceito de rendimento exponencial tenha originalmente surgido de dobrar a proporção "preço x rendimento" dos computadores a cada 18 meses, a ideia foi ampliada para incluir todas as tecnologias com recursos disruptivos. Isso inclui, entre outras coisas: IA, aprendizado de máquina, nanotecnologia, impressão 3D, Internet das Coisas (IoT), robótica, biologia sintética e biotecnologia. Em ambientes corporativos, a tecnologia mais recente está transformando a maneira como as empresas são administradas. Imagine assistentes virtuais operando centros de contato de autosserviço no futuro. Muitas corretoras estão começando a impulsionar conselheiros financeiros virtuais. Os geradores de linguagens naturais e de aprendizado de máquina estão automaticamente escrevendo atualizações de artigos financeiros ou de esportes em tempo real. Os algoritmos estão começando a ficar hiperpersonalizados e a recomendar pedidos aos consumidores.

No entanto, a tecnologia exponencial é apenas um terço da equação.

Processos de Trabalhos Exponenciais: As tecnologias exponenciais dão sua melhor força quando são usadas na reimaginação de processos de trabalho, em comparação aos automatizados que já existem. Já vimos isso em ação — é só pensar na mudança do processo de aluguel de filmes das lojas físicas da Blockbuster para a primeira oferta de DVDs enviados por correspondência. O que costumava exigir uma viagem à locadora para pegar um DVD assumiu um novo sistema de atividades, ou seja, a viagem não é mais necessária. O resultado (aluguel de filme) era o mesmo. Os processos de trabalho necessários para entregar o resultado é que foram totalmente diferentes.

Ecossistemas Exponenciais: O último multiplicador é a habilidade de acessar um número ilimitado de recursos por meio de ecossistemas de pessoas e ativos técnicos. Hoje, é possível contratar praticamente qualquer recurso habilitado — de advogados a serviços de cibersegurança — a partir de serviços certificados colaborativos. Também há uma lista crescente de ativos como serviços on demand que vão de softwares à capacidade extra de logística de caminhões.

Transforme as Oportunidades e Pontos Deficientes Estratégicos em Grandes Ideias

O passo final é juntar as oportunidades estratégicas com as possibilidades digitais usando processos de idealização criativa. Isso é mais do que um exercício de automação das oportunidades identificadas pelo uso da tecnologia digital. Nesse caso, seria digitalização (o processo de automatizar uma tarefa com tecnologias digitais), e não transformação digital (que busca reinventar a estratégia pelo uso do digital). Pense na diferença da seguinte maneira: embora as principais redes hoteleiras estivessem ocupadas trazendo sistemas de check-in automatizados e com base móvel no início dos anos 2000, o Airbnb silenciosamente transformou a ideia toda de uma mesa de check-in. A verdadeira transformação digital exige não apenas automação, mas também reimaginação.

A melhor ferramenta que já vi para isso é o design thinking. A abordagem centrada no humano, a habilidade de gerar muitas ideias rapidamente com brainstorming, a habilidade de transformar ideias abstratas em protótipos tangíveis e depois testá-los fazem do design thinking uma ferramenta ideal para desenvolver a grande ideia (veja o box a seguir).[26] Ferramentas como essa usam o poder da criatividade para mesclar as oportunidades de negócio identificadas no primeiro passo com as tendências de tecnologia disruptiva do segundo passo, tornando-as um conjunto coerente de pontos de vantagem digital.

Em resumo, os pontos de vantagem digital são as melhores escolhas de transformação possibilitadas pelas tecnologias digitais, processos e ecossistemas. Transformar os pontos de vantagem digital em grandes ideias é uma disciplina essencial para a transformação bem-

-sucedida. O processo simples de três passos descrito anteriormente identifica, em primeiro lugar, os pontos estratégicos de vantagem, depois compreende as possibilidades digitais e, finalmente, usa técnicas como o design thinking para chegar à grande ideia.

Como o Design Thinking Pode Ser Usado na Vida Real: O Programa "Fique com o Troco" do Bank of America

"O design thinking é uma metodologia de design que oferece uma abordagem baseada na solução para resolver problemas. É extremamente útil para enfrentar problemas mal definidos ou desconhecidos", de acordo com a Interaction Design Foundation, organização sem fins lucrativos líder de educação em design thinking. Embora a metodologia tenha ficado popular com designers de produtos e outros especialistas de criação por certo tempo, agora ela é usada em muitos círculos diferentes.

O programa "Keep the Change" [Fique com o Troco, em tradução livre], do Bank of America, é um exemplo excelente. Em 2004, a empresa contratou uma agência de design para ajudar a identificar ideias inovadoras para encorajar mulheres da geração dos baby boomers a abrirem mais contas no banco. A equipe fez uma pesquisa extensiva, incluindo o acompanhamento de membros de seu público-alvo para aprender seus hábitos e práticas.

No fim dessa fase, eles se depararam com dois insights. Em primeiro lugar, descobriram que as mulheres daquela geração tinham dificuldades para poupar. Em muitos casos, isso se dava por falta de uma rotina que ajudasse na facilitação da poupança. O segundo insight foi que aparentemente as pessoas arredondavam suas transações, pois era mais fácil para elas desse modo. Depois, isso levou à criação do programa "Fique com o Troco", lançado no fim de 2005. A ideia era simples. Os clientes com cartão de débito do Bank of America poderiam escolher arredondar para cima o preço de qualquer compra e transferir a diferença para uma conta de poupança separada. O banco também contribuía com a mesma quantia do arredondamento por um período de três meses, e até 5% do gasto anual, com um limite de US$250/ano. Até 2010, a ideia gerara 10 milhões de novos clientes, ajudando-os a economizar US$1,8 bilhão.

Resumo do Capítulo

- Os pontos de vantagem são essencialmente suas forças e oportunidades estratégicas que mais impulsionam o digital. Você as identifica a partir de uma profunda compreensão das oportunidades e estratégias de negócio de sua organização.

- Os pontos de vantagem precisam ser transformados em grandes ideias para a transformação digital. Os três passos envolvidos são os seguintes:

  ▶ Comece com suas oportunidades ou pontos deficientes estratégicos.

  ▶ Compreenda as possibilidades digitais.

    ◆ Há uma perfeita enxurrada de tecnologias, processos e ecossistemas exponenciais que podem ser usados para causar disrupção em praticamente qualquer área.

- Transforme suas oportunidades e pontos deficientes estratégicos em grandes ideias que usem o digital.
  - O design thinking é uma ferramenta excelente para fazer surgir ideias novas e revolucionárias, mesmo em situações complexas.

Sua Checklist de Disciplinas

Avalie sua transformação digital com as perguntas apresentadas na Figura 14, de modo a seguir uma abordagem disciplinada para cada passo na Transformação Digital 5.0.

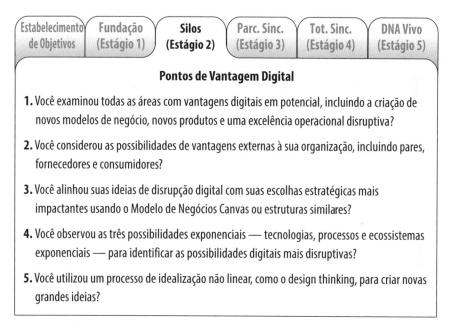

Figura 14 Sua checklist de disciplinas para os pontos de vantagem digital

Estágio 3

Parcialmente Sincronizado

O que É o Estágio 3?	A conclusão parcial da estratégia de transformação digital em todo o empreendimento. O termo "parcialmente" no título reflete a entrega parcial dos resultados na empresa, não significando que os esforços sejam parciais.
Causas de Fracasso	Uma estratégia ineficaz de gestão de mudança ou quantidade insuficiente de projetos de transformação para transformar adequadamente a organização central.
Disciplinas para Enfrentar os Riscos	■ *Modelo de gestão de mudança* para a transformação efetiva da organização central. ■ *Suficiência estratégica* quanto ao portfólio de iniciativas necessário para conduzir uma transformação completa.

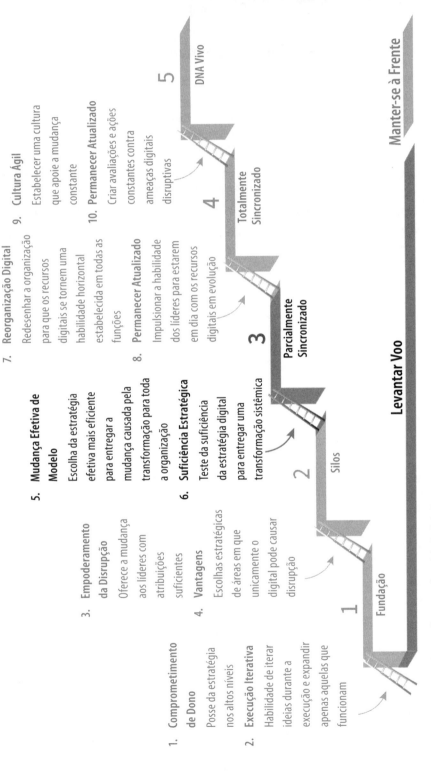

Figura 15 Disciplinas de transformação digital de Estágio 3

Capítulo 7

Mudança Efetiva de Modelo

Como consumidor, odeio centros de atendimento ao consumidor que me obrigam a falar com robôs. Acho frustrante ter que ouvir um menu enorme de opções para receber suporte de robôs, especialmente quando a habilidade de reconhecimento de voz que eles têm é ruim. (Será possível, talvez, que eu tenha uma tendência inconsciente de discriminar robôs, pela qual pagarei amargamente quando se tornarem os chefes supremos no futuro? Brincadeira!) De qualquer maneira, fiquei realmente surpreso em 2015 quando nossa nova equipe NGS descobriu que centros de suporte com base em IA eram um grande foco disruptivo entre as startups. O fato era que buscávamos soluções de melhoria 10X para nosso serviço de Relações Globais com o Consumidor, que oferece suporte via telefone, e-mail e mídias sociais a todos os consumidores dos produtos da P&G mundialmente. Estabelecemos um projeto NGS e fizemos um rápido ciclo de teste de hipóteses com as tecnologias durante quatro semanas, que demonstrou ser uma ideia 10X muito viável.

Dois meses depois, descontinuamos o projeto. A tecnologia era, de fato, viável, e os líderes da linha de serviço nos GBS estavam claramente patrocinando os esforços, mas o projeto não estava tendo um progresso satisfatório dentro de seu núcleo da organização operacional. A decisão de descontinuar foi baseada em nossa abordagem de portfólio 10-5-4-1, dos NGS, na qual, para cada dez experimentos (projetos), pararíamos cinco, esperaríamos que quatro entregassem resultados 2X e um se tornaria um enorme sucesso 10X. Durante os três anos seguintes, descontinuamos, da mesma maneira, dezenas de projetos potencialmente viáveis. Durante 90% do tempo, a questão não era a viabilidade tecnológica, mas uma falta de progresso suficiente dentro da organização operadora que vai receber a mudança. Em todos esses casos, nosso objetivo era interromper os esforços o mais cedo possível, reconhecer publicamente a "decisão de descontinuar" e seguir em frente.

Dois anos depois, as condições dentro da organização de Relações Globais com o Consumidor haviam mudado e, assim, o antigo projeto foi retomado. Ele está se tornando um dos esforços mais bem-sucedidos no portfólio atual.

A Gestão da Mudança É um Ponto de Falha Enorme para a Transformação de Estágio 3

A gestão da mudança é difícil em qualquer estágio, mas provavelmente é a causa de fracasso no Estágio 3, mesmo entre os empreendimentos fortes e bem-intencionados. Embora a estratégia de transformação tenha sido declarada, a mudança parece nunca fincar raízes na organização principal.

> **Trabalhe inversamente, das estratégias de aceitação da mudança em direção à criação da mudança, e não o contrário.**

A experiência prévia com inovações disruptivas nos GBS havia nos levado a pensar de forma diferente sobre a gestão eficaz de mudança nos NGS. Decidimos que nosso modelo operacional deveria funcionar de trás para frente, partindo da mudança de aceitação em direção à mudança da criação (do produto), ao contrário da abordagem tradicional de criar o produto primeiro e, depois, descobrir como gerar aceitação ao longo do caminho. Veja um exemplo simples de como esse insight foi usado. Enquanto estávamos decidindo se a equipe NGS ficaria no Vale do Silício ou na matriz da P&G em Cincinnati, escolhi a segunda opção. Determinei que lá a equipe estaria nos melhores interesses para impulsionar a mudança nas operações centrais.

Neste capítulo, exploro como a escolha de mudança efetiva do modelo pode ser feita de modo disciplinado. Essencialmente, isso consiste de três partes:

- Entender sua transformação de mudança de situação (plataforma em chamas, mudança proativa etc.).
- Escolher o modelo apropriado de gestão de mudança (mudança orgânica, inorgânica etc.).
- Criar planos para motivar os afetados pela mudança.

Para ilustrar como isso funciona, vamos analisar alguns estudos de caso em busca de insights antes de usá-los para nossa disciplina de mudança de modelo. Voltemos no tempo para o estudo de caso do esforço global da Year 2000 (Y2K). Nossos leitores mais jovens talvez tenham apenas um conhecimento bem superficial disso, mas o problema da Y2K era coisa séria nos anos 1990. Em uma época em que a TI não era o fenômeno de consumo que é hoje, um tema minimamente compreendido chegava às capas de jornal por um motivo assustador — o problema poderia fazer com que todos os tipos de desastres do mundo real acontecessem.

Por que o Esforço Global para a Solução da Y2K Funcionou

A história sobre a falha do computador da Y2K pode ser o maior exemplo de uma colaboração global de sucesso em um problema de TI de nossa época. A questão toda se resumia às práticas de programação do século XX, em que o armazenamento dos números que representavam um ano (1998, por exemplo) era geralmente feito em dois dígitos (98). O programa tratava qualquer computação que envolvia um ano — como computar o número representando "ano que vem" — com uma simples ação matemática naquele número (98 + 1 = 99). Isso funcionou perfeitamente durante a maior parte do século XX. O problema surgiu quando as computações davam um resultado de três dígitos (99 + 1 = 100). A maioria dos programas falhava ao tentar armazenar um resultado com três dígitos em um número com dois dígitos.

Também havia um segundo problema menor com referência aos anos bissextos, pois os programadores codificaram esses anos de forma errada no calendário Gregoriano. Eles simplesmente programaram qualquer ano que fosse divisível por 100 como não sendo bissexto, esquecendo-se de que a exceção era para anos divisíveis por 400. Desta forma, o ano de 2000 deveria ter sido programado como bissexto.

Era fácil explicar o problema, mas o reparo não era tão simples assim. Não havia uma maneira fácil de descobrir quais aplicações específicas estavam programadas de forma errada com anos de dois dígitos, em vez da forma correta com quatro dígitos. Ainda pior era o fato de que muitos programas originais foram modificados localmente, com pouca ou nenhuma documentação sobre as mudanças. Seria necessário verificar um por um e reparar.

No fim das contas, o novo milênio despontou e passou sem incidentes. De alguma forma, durante os últimos anos do século XX, os governos e líderes empresariais assumiram o comando e realizaram seus reparos individuais. Lembre-se de que aqueles eram dias em que a TI não era totalmente compreendida pela maioria dos líderes organizacionais e stakeholders. Mesmo assim, sem compreender totalmente a causa do problema, a maioria dos líderes tinha uma ideia clara do que era o sucesso.

Y2K — Um Exemplo de Gestão de Mudança na Crise

O problema da Y2K foi primeiramente percebido nos anos 1980, tornando-se o tema de um livro bastante influente, *Computers in Crisis*, de Jerome e Marilyn Murray, publicado em 1984. Grupos de usenet, que precedeu a internet, rapidamente perceberam o problema e, durante os anos 1990, o pânico havia se difundido no mundo todo. Embora ninguém pudesse prever a exata natureza do impacto, todos os cenários possíveis eram ruins. Aviões poderiam cair, bancos poderiam ter transações indevidas, os programas de segurança nacional poderiam ser afetados e as operações das empresas poderiam sofrer uma grande disrupção. Para variar, governos, corporações e a população foram unânimes em seu desejo por ação.

A única maneira de resolver o problema seria fazendo com que, literalmente, todas as organizações de TI do mundo deixassem outras prioridades de lado e assumissem a responsabilização por consertar os programas que usavam. Quando a maioria das pessoas percebeu o que estava acontecendo, os anos 1990 estavam quase no fim. Enquanto isso, o tempo passava inexoravelmente rumo ao milênio. Resolver o problema demandaria um esforço coordenado sem precedentes no mundo todo. Isso nunca havia sido tentado em uma escala tão grande, com exceção dos filmes de ficção em que todo mundo rapidamente se une contra um cenário de destruição iminente, como uma invasão alienígena ou um asteroide que se aproxima.

A solução da Y2K é um exemplo fascinante da execução descentralizada de um problema global comum. Todos os empreendimentos que tinham capacidade de TI possuíam um projeto Y2K. O trabalho foi confuso, difícil em alguns momentos, e, contudo, a maioria dos profissionais de TI que trabalharam nos projetos Y2K consideraram essa a experiência mais aprazível de suas carreiras. A missão era clara, o traba-

> lho era difícil, mas recompensador, havia um sentimento claro de propósito e o fracasso não era uma opção agradável. E, assim, o projeto mais bagunçado de TI do século XX — o mais descoordenado e descentralizado — acabou sendo a gestão de mudança de TI mais bem-sucedida da história.
>
> A colaboração em tempos de crise tem sido vastamente estudada como um fenômeno sociológico. Ela nos fornece insights excelentes sobre como gerar uma motivação positiva de mudança para a transformação digital.

A solução da Y2K é um bom exemplo de trabalhar inversamente, saindo da demanda de mudança em direção ao fornecimento da mudança. Bilhões de pessoas no mundo todo queriam que isso acontecesse. Cada organização sabia o que precisava fazer, independentemente do que os outros decidiram. O empenho também é um bom exemplo do fenômeno sociológico que fundamenta mudanças em crises, isto é, há reservas extras escondidas que vêm à tona quando enfrentamos uma ameaça existencial.

Para ser claro, o objetivo não é desenvolver uma transformação digital com ares de crise. Tais reservas extras também podem ser invocadas frente a oportunidades empolgantes. A história de como os GBS da P&G usaram essas reservas em busca de auxílio para o esforço gigantesco necessário para integrar a Gillette na P&G em 2005 suscita essa questão. Essa história não se relaciona com o exemplo principal dos NGS, mas é um dos melhores exemplos de como criar as condições para a gestão bem-sucedida da mudança com a qual me deparei.

A Integração da Gillette na P&G

Em janeiro de 2005, a Procter & Gamble anunciou que faria a aquisição da Gillette por US$57 bilhões. Era, de longe, a maior aquisição feita pela P&G. A empresa reconhecida mundialmente por seus produtos domésticos como Tide/Ariel, Pantene, Pampers, Bounty, Oil of Olay e Vicks, entre outros, agregaria mais marcas icônicas como Gillette, Duracell e Braun.

Filippo Passerini, o presidente visionário dos GBS e do TI da P&G, viu isso como uma oportunidade. Sua ideia era de que havia a possibilidade de administrar os serviços relacionados à TI de ambas as empresas sem aumentar o número de pessoal ou estourar o orçamento daquele momento da P&G. Além disso, como a P&G tinha por objetivo superar as expectativas de Wall Street quanto à aquisição, Passerini propôs a integração de todos os sistemas de TI em 18 meses.

Por fim, foi exatamente o que fez. A P&G superou não apenas os objetivos de sinergia de custos, como também entregou o trabalho antes do prazo determinado. O que foi feito para possibilitar a entrega de resultados excepcionais é muito instrutivo em termos da criação deliberada de ambientes nos quais a mudança é aceita.

Para criar um sentimento comum e tangível de propósito para a empresa toda, Passerini computou que cada dia de atraso na integração representaria perdas de US$3 milhões na sinergia de custos. Isso acabou sendo a parte culminante na gestão de mudança, gerando um sentimento real de urgência no empreendimento inteiro.

Em segundo lugar, embora Passerini tenha assumido um risco pessoal para se comprometer com os objetivos logo de início e executar a mudança com uma entrega altamente visível e estruturada, isso criou um impulso tal que dificultou sobremaneira que a inércia comum da resistência à mudança criasse raízes.

Cada onda de mudança de sistemas foi executada com excelência. Todos os problemas que surgiram nessa transição eram rapidamente enfrentados pelas pessoas que conduziam os centros "Hypercare", garantindo que não houvesse interrupção nos negócios. O resultado foi uma história de sucesso no setor sobre como integrar os sistemas em uma aquisição de forma rápida e bem-sucedida.

Tendo participado tanto dos esforços da Y2K na P&G como da integração dos sistemas da Gillette como CIO da P&G, para mim foi fascinante comparar os modelos de gestão de mudança em ambas as empresas. Apesar de haver motivadores de mudança muito diferentes, as duas criaram motivações de aceitação da mudança igualmente eficazes. Nas próximas seções, descrevo como é possível que os líderes façam a leitura do cenário prevalecente usando uma estrutura simples de mudança e criem fortes motivações para a mudança na organização.

A Integração da Gillette na P&G:
A História de uma Gestão de Mudança Motivada

As aquisições são sempre uma aposta, com um índice de fracasso variando entre 70% e 90%. A integração dos sistemas e processos das empresas adquiridas é tão difícil quanto as transformações digitais complexas. Há muitas coisas em comum entre as duas: ambas envolvem a manutenção de operações centrais estáveis enquanto sua transformação drástica acontece, e ambas são exemplos de uma gestão difícil de mudança. A integração dos sistemas da Gillette na P&G foi excepcional na maneira disciplinada como a mudança foi guiada.

Warren Buffett, o maior acionista da Gillette, denominou a aquisição de um "negócio dos sonhos". Seria a combinação da P&G, uma empresa retentora de um portfólio voltado a criar produtos encantadores para as mulheres, com a Gillette, uma empresa voltada mais a produtos masculinos. Dito isso, foi um movimento audacioso por parte da P&G. Suas ações caíram modestos 2% com o anúncio. Em última instância, a transação seria considerada um sucesso apenas se as sinergias de redução de custos fossem uma realidade. Como geralmente é o caso, a parte financeira do negócio assume as sinergias de custos e receitas, porém as de custo tendem a ser mais tangíveis em curto prazo. A P&G comprometeu-se a entregar uma sinergia de custos de mais de US$1 bilhão por ano, com início em três anos. Isso deixava a entender que as operações combinadas, especialmente as de apoio às funções, conseguiriam funcionar de modo significativamente mais enxuto. Assim, a integração de sistemas e processos era crucial. No entanto, a tarefa seria intimidadora.

Filippo Passerini, presidente dos GBS e CIO da P&G, fez uma aposta ousada. Ele confiou que a P&G conseguiria administrar os processos de ambas empresas, sem aumento aos custos ou número de funcionários na P&G. A pergunta era: como ele executaria isso?

O primeiro passo foi declarar isso como objetivo e transformar o trabalho em uma prioridade alta inquestionável. Poucos dias após a aquisição, foi anunciado internamente que o projeto de integração da Gillette passaria à frente de todas as outras prioridades atuais e propostas que envolviam TI e serviços compartilhados. Isso significava que todos os outros requisitos empresariais da P&G para novos recursos caíram imediatamente ou foram reduzidos de maneira significativa.

Em segundo lugar, Passerini se empenhou em escolher pessoalmente e a dedo aqueles que participariam do projeto de integração da Gillette. O planejamento tradicional de atribuições de lead time foi deixado de lado. Ficou claro que, uma vez que as pessoas fossem escolhidas, seriam imediatamente liberadas para o projeto.

Em terceiro lugar, a estratégia técnica de TI estava firmemente alinhada entre as duas empresas poucos dias após o anúncio. A P&G já possuía globalmente um sistema padronizado de dar inveja — um único sistema SAP para todas suas operações globais, modelo que está fora do alcance da maioria das organizações até mesmo hoje em dia. A Gillette passaria a usar o sistema SAP da P&G. O CEO A. G. Lafley apoiou totalmente a ideia, declarando que "discussões tolas" não seriam consideradas.

Em quarto lugar, uma estrutura clara foi estabelecida para gerenciar a tomada de decisões relacionadas à integração. No nível mais alto, os CEOs da Gillette e da P&G liderariam o comitê de integração. Cada papel de liderança na estrutura da integração foi configurado em um modelo "dois em uma caixa", com uma pessoa da Gillette e uma da P&G.

Por fim, Passerini definiu uma estrutura rigorosa de gestão de projeto. Ele escolheu pessoalmente um líder GBS jovem, porém altamente talentoso, para liderar todo o esforço de integração. O líder do projeto rapidamente estruturou os resultados da integração em três ondas. Os marcos para o momento em que os sistemas de TI, RH, financeiro, gestão de pedidos e de produção entrassem em funcionamento foram rapidamente definidos. As objeções ao cronograma eram resolvidas educadamente, porém com firmeza. O rigor disciplinado na execução valeu a pena, uma vez que os sistemas de integração acabaram se tornando uma história de sucesso de primeira linha.

A Disciplina de Compreender as Condições da Mudança

Quando paramos para pensar sobre por que os modelos de mudança deram certo, fica mais fácil entender a primeira história (da solução da Y2K) do que a segunda (da integração dos sistemas da Gillette). Afinal, o mundo estava perante um cenário de desastre. E, no entanto, o projeto de integração dos sistemas da Gillette criou de forma bem-sucedida um ambiente que não era tão diferente assim daquele presenciado pelo projeto da Y2K na crise global. Como os líderes aproveitam as mesmas reservas de energia da organização em situações em que não há uma crise?

É importante perceber a situação certa de mudança (ou seja, urgência ou aceitação de mudança) e, caso necessário, até mesmo criar tipos específicos de situações de mudança por meio de liderança, comunicação e disciplina fortes.

Os líderes fortes de mudança criam essas condições de forma intuitiva. Mas há um pouco de ciência por trás disso. Tudo depende da compreensão da situação e da aplicação dos modelos certos de gestão de mudança. Os líderes fortes de mudança compreendem o quanto de apoio possuem, não apenas no nível do patrocinador, mas também daqueles que são afetados pela mudança. Eles entendem a cultura predominante da organização e o tipo de comunicação que será mais produtiva. Para ilustrar esse efeito, uso um modelo simples na Figura 16 que mapeia a urgência da mudança para a cultura predominante de aceitação da mudança. As situações de crise são mais fáceis de diagnosticar, facilitando, portanto, a escolha do modelo certo de mudança.

A integração da Gillette na P&G foi um pouco mais complicada. Não era uma crise empresarial e havia motivações diferentes envolvidas, incluindo equilibrar a estabilidade com a mudança. A estratégia de sucesso empregada foi a criação de um efeito cultural de "boas-vindas à mudança" por meio de sistemas de motivação da organização. Ao juntarem um propósito para um objetivo em comum a ser alcançado, com a ideia de ultrapassar as expectativas externas, combinados com uma estrutura rigorosa de organização e accountability para cada participante (incluindo instituir valores financeiros para atrasos, como Passerini fez), criaram um propósito comum e um sentimento de urgência. A questão é que é importante perceber a situação certa de mudança (ou seja, urgência ou aceitação de mudança) e, caso necessário, até mesmo criar tipos específicos de situações de mudança por meio de liderança, comunicação e disciplina fortes.

A Disciplina de Usar o Modelo Correto de Mudança

Uma vez identificada a situação de gestão de mudança conforme a Figura 16, o próximo passo é decidir se a mudança deve ser conduzida de forma orgânica, por meio de estruturas de organizações descentralizadas ou inorganicamente; essas formas são definidas a seguir. Uma organização descentralizada é uma estrutura que distribui o conhecimento e poder para seus extremos, permitindo a liberdade de inovação.[27] Se tempo, recursos e uma mudança digital relativamente simples e direta estiverem disponíveis conforme a Figura 16, então geralmente a mudança orgânica será a opção. De outro modo, o cenário será de mudança de estruturas de organizações descentralizadas ou inorgânicas.

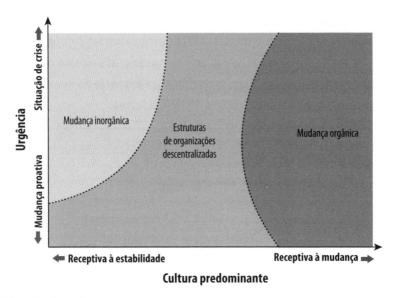

Figura 16 Situações de mudança

Mudança Orgânica

A mudança orgânica envolve estabelecer objetivos internos de transformação digital, desenvolver ou comprar os recursos certos, educar a organização e configurar as estruturas corretas da execução do projeto. A execução que a GE realizou de sua conhecida estratégia digital por meio da criação de uma divisão separada chamada GE Digital é um exemplo de mudança orgânica. Embora sua estratégia para se tornar uma empresa de dados tenha fracassado no momento, ela está mais relacionada a duas outras disciplinas (execução iterativa e suficiência estratégica).

Uma abordagem para acelerar a mudança orgânica é implementar as tecnologias, comportamentos e processos da organização exponencial (ExO). Uma ExO basicamente usa novas técnicas organizacionais que potencializam as tecnologias exponenciais. O que está inerente a essas técnicas é o uso de esquemas de equipes ágeis e abertas que tomam decisões rapidamente, combinado com ferramentas exponenciais como algoritmos ou crowdsourcing.

Estruturas de Organizações Descentralizadas

Caso haja pouco tempo disponível e a cultura predominante na organização seja resistente (ou até mesmo fechada) à mudança, então a mudança orgânica não funcionará. Em tais casos, as organizações descentralizadas que envolvem a criação de estruturas de inovação disruptiva separadas são a melhor abordagem. As organizações descentralizadas são um conceito relativamente recente, com uma grande promessa de impulsionar a mudança. Essas organizações consistem em equipes altamente estendidas e sem limitações, ágeis na criação e adaptação necessárias à mudança. O encargo de aplicar esse conceito em grandes empreendimentos tem sido exercido por John Hagel III, um dos melhores especialistas de mudanças em empreendimentos que já conheci. O exemplo lendário de uma organização descentralizada é do grupo Skunk Works, criado em Lockheed Martin no ano de 1943 como uma estrutura independente, que recebeu uma grande liberdade dos processos e regras normais, de modo que conseguiram desenvolver o caça XP-80 em tempo recorde. Esse tipo de organização descentralizada funciona apenas quando recebe uma liberdade total para operar de forma diferente do núcleo.

Mudança Inorgânica

Nos casos em que os recursos, tempo e resistência interna à mudança sejam todos um desafio, então sua melhor aposta pode ser buscar uma aquisição ou parceria com uma entidade externa. A aquisição que o Walmart fez da Jet.com é um bom exemplo. A mudança inorgânica traz seu próprio risco, uma vez que a maioria das mudanças relacionadas à aquisição dá errado. No entanto, ao oferecer à entidade adquirida uma autoridade potente e apoio à gestão da mudança, essa abordagem pode impulsionar os novos recursos rapidamente.

Para obter uma leitura adicional, o livro de Salim Ismail, *Organizações Exponenciais,*[28] possui um capítulo excelente sobre esse assunto: "ExOs para Grandes Empresas". Você terá ótimos detalhes sobre quatro opções estratégicas que refletem nosso espectro de mudança orgânica, estruturas disruptivas e mudança inorgânica.

Escolher o modelo de mudança mais apropriado fará com que a transformação digital tenha um início forte. Porém, para manter o impulso contínuo, geralmente há um sistema imunológico que deve ser superado.

Siga a disciplina de escolher o melhor modelo de mudança (orgânica, inorgânica ou estruturas de organizações descentralizadas) para sua situação.

A Ciência da Gestão do Sistema Imunológico

Um sistema imunológico corporativo não é, necessariamente, algo ruim. Como sua contraparte no corpo humano, ele exerce um papel vital. Em nosso corpo, o sistema imunológico nos protege de doenças e nos mantém saudáveis. É certo que disfunções no sistema imunológico podem ser problemáticas (uma deficiência nele deixa o corpo suscetível a infecções constantes, enquanto um sistema imunológico hiperativo atacará partes saudáveis). No entanto, de modo geral, um sistema imunológico saudável é o desejável.

Sendo isso verdadeiro, então por que tantos líderes de mudança culpam o sistema imunológico corporativo quando as coisas vão de mal a pior? Os líderes disciplinados de mudança não deveriam compreender a força do sistema imunológico dentro de suas próprias organizações e se preparar para a gestão apropriada?

Para cada um dos 25 experimentos (projetos) que a equipe NGS executou durante meus três anos, sempre houve conversas e planos proativos sobre o sistema imunológico. Isso fez uma diferença enorme em comparação às tendências históricas e à aceitação da mudança disruptiva.

Há três princípios essenciais para ter em mente:

- O sistema imunológico não é, necessariamente, algo ruim. Antecipe-se e prepare-se para as reações dele.

- As reações do sistema imunológico podem se originar em todos os níveis da organização, mas os mais difíceis ocorrem na gerência de nível médio.

- Quanto maior a mudança, mais forte será a reação do sistema imunológico (ou seja, a transformação digital será difícil).

Como já tratamos do primeiro item, vamos esclarecer a questão da reação na gerência de nível médio. Na maioria das organizações, é fácil fazer com que a liderança executiva sênior fique animada com a mudança. De modo similar, as gerações mais jovens rapidamente compram a ideia. O caminho crítico repousa na gerência de nível médio, e tem o potencial de desacelerar ou até interromper a mudança. O termo "frozen middle" ["a parte do meio congelada"] foi associado a esse fenômeno. O conceito foi publicado em um artigo da *Harvard Business Review* em 2005 por Jonathan Bynes.[29] A proposta de Bynes foi que a coisa mais importante que um CEO pode fazer para estimular o desempenho da empresa é desenvolver as potencialidades da gerência de nível médio.

Para os distúrbios do sistema imunológico corporativo na gerência de nível médio, o termo "parte do meio congelada" é preciso, mas apresenta o risco de ser pejorativo por parecer jogar a culpa na gestão de nível médio pela teimosia e inércia. Na realidade, a responsabilidade de engajar a gerência de nível médio é dos líderes de mudança e seus patrocinadores. Considere o seguinte: a denominada parte do meio congelada protege os empreendimentos de distrações e mudanças desnecessárias, da mesma forma que o sistema imunológico humano protege o corpo de mudanças perigosas. Os gerentes de nível médio são recompensados na maioria das vezes por executar operações estáveis. Seria justo criticá-los como um todo por fazer o que seu sistema de recompensa determina? Precisamos separar os distúrbios do sistema imunológico de suas reações normais.

> **Dê uma atenção especial à criação de sistemas de recompensa para que os gerentes de nível médio possibilitem a mudança de forma bem-sucedida.**

Nos NGS, demos uma atenção especial à identificação nominal do líder da gerência de nível médio para cada projeto afetado. Um esforço enorme foi investido logo no início para fazê-los participar, incluindo um trabalho com seus líderes para ajustar seus sistemas de recompensa de modo a encorajar a liderança quanto ao projeto de mudança. Nos poucos casos que possivelmente seriam classificados como distúrbio do sistema imunológico, recorremos ao patrocinador para que desenvolvesse sistemas de motivação. No pior dos casos, se isso não funcionasse, o projeto era rapidamente descontinuado. Isso deu muito certo por causa do efeito portfólio de ter diversos outros projetos disponíveis no pipeline.

Por que a Parte do Meio Congelada é Especialmente Importante nas Transformações Digitais

Embora o conceito de uma parte do meio congelada seja aplicável muito genericamente, superá-lo nunca foi tão crucial quanto na disrupção digital. A quantidade de mudança necessária em uma real transformação de Estágio 5 é gigantesca. A gerência de nível médio necessitará liderar o restante da organização no aprendizado de novos recursos (digitais), assim como em novas formas de trabalhar na era digital, incluindo o encorajamento da agilidade, assumindo riscos e recriando totalmente os modelos de negócios e processos internos. Não é suficiente retreinar a gerência de nível médio nas possibilidades digitais. Sistemas de recompensa e processos organizacionais completamente novos serão necessários.

Resumo do Capítulo

- Embora todos os aviões façam o planejamento para decolar contra o vento, a maioria das transformações digitais tratam o assunto como uma reflexão posterior. A disciplina de tratar as escolhas dos modelos de mudança efetiva é projetada para resolver isso.

- Para compreender como a gestão de mudança bem-sucedida funciona, este capítulo incluiu duas histórias de sucesso: a solução global da Y2K e a integração altamente bem-sucedida dos sistemas da Gillette na Procter & Gamble.

- Há passos disciplinados envolvidos na seleção dos melhores modelos. O primeiro é uma compreensão cristalina das condições de mudança da organização.

- Com base na situação de mudança, há três tipos de estratégias de gestão de mudança disponíveis para a transformação digital:
    - Mudança orgânica
    - Estruturas de organização descentralizada
    - Mudança inorgânica
- Finalmente, a disciplina de tratar proativamente os sistemas de recompensa da parte do meio congelada desenvolve recursos e cultura na camada da gestão de nível médio para aceitar e prosperar na transformação digital.

Sua Checklist de Disciplinas

Avalie sua transformação digital com as perguntas apresentadas na Figura 17, de modo a seguir uma abordagem disciplinada para cada passo na Transformação Digital 5.0.

Mudança Efetiva de Modelo

1. Há reconhecimento e apoio amplos, tanto entre os líderes como no centro da organização, de que a gestão de mudança será dez vezes mais difícil do que a transformação tecnológica em si?

2. Você percebeu as condições de urgência em comparação com a atitude operacional da organização em relação à mudança e fez esforços para visar uma situação particular de mudança?

3. Você deliberadamente escolheu uma estratégia apropriada para a gestão de mudança (mudança orgânica, estrutura de organização descentralizada ou mudança inorgânica)?

4. Você identificou as funções e pessoas que provavelmente serão a parte do meio congelada?

5. Você criou novos sistemas de recompensa no centro da organização para motivar a parte do meio congelada a participar nos esforços de mudança?

Figura 17 Sua checklist de disciplinas para a mudança efetiva de modelo

Capítulo 8

Suficiência Estratégica

Descobri que tinha uma paixão por fazer transações no mercado de ações seis meses antes do grande crash pontocom em março de 2000. As ferramentas de transações online cresciam substancialmente em recursos. Com certa hesitação, comprei algumas ações de tecnologia e, dentro de poucas semanas, elas dobraram de valor. Olha só, pensei, isso é animador; deveria investir mais. Sabia dos riscos iminentes de uma virada no mercado e decidi comprar alguns fundos mútuos em vez das ações individuais como meu próximo investimento, que era muito maior. Três meses depois, a bolha pontocom explodiu e acabei ficando com cerca de metade do valor inicial do meu investimento. Os fundos mútuos não estavam diversificados o suficiente. Felizmente, não havia colocado muito no mercado de ações no total. No entanto, assim mesmo foi uma lição dolorosa sobre as virtudes da gestão de portfólios.

Uma boa gestão de portfólio financeiro, como você sabe, começa com um objetivo estabelecido de retorno sobre o investimento com uma data final específica. E depois, é necessário criar um mix de posições diversificadas, incluindo componentes de risco alto, médio e baixo, para maximizar as chances de atingir o objetivo, a despeito dos ventos contrários e dos ciclos econômicos. É um modelo comprovado que funciona para investidores individuais. Isso nos leva a uma pergunta mais relevante: por que a maioria das transformações digitais não funcionam como portfólios disciplinados também?

A Suficiência do Portfólio de Transformação Digital

A disciplina de gestão de portfólio financeiro se aplica perfeitamente à transformação digital. É possível definir um objetivo final, como uma certa porcentagem de sua empresa estar funcionando com modelos digitais de negócios totalmente novos até determinada data. Depois, alavancar o efeito do mix ao combinar projetos com risco alto e baixo, da melhor forma possível. E, por fim, gerar um número suficiente de projetos para serem executados nesse portfólio — suficiente para transformar a porcentagem desejada de seu empreendimento. Chamo essa abordagem de "suficiência estratégica".

O processo do portfólio dos NGS foi projetado exatamente dessa forma e será descrito no final do capítulo. Em primeiro lugar, seria de grande ajuda refletir sobre por que não vemos mais exemplos de suficiência estratégica. A resposta curta é que pode haver uma ênfase equivocada em promover mudanças de entusiasmo na organização sem o rigor necessário do portfólio.

O Teatro da Inovação é o Inimigo da Suficiência Estratégica

A disciplina de verificar a existência tanto de um mix suficiente de portfólio como o de volume necessário de projetos está no âmago da suficiência estratégica. O contrário disso é um plano que depende demais apenas do entusiasmo. Não me entenda mal — o entusiasmo para a mudança é vital. As coisas começam a desmoronar quando não estão sendo sustentadas por uma execução disciplinada. Caso uma transformação digital esteja um pouco carregada demais em qualquer uma das seis atividades seguintes, talvez esteja na hora de trazer o rigor à cena.

- *Turismo na Meca do Vale do Silício* — passar alguns dias com roupas casuais admirando as ofertas mágicas das startups. Ou nos centros de inovação com paredes de vidro das empresas maiores de tecnologia, que oferecem "workshops de inspiração" para seus problemas.

- *Base planetária de inovação solitária* — alocar algumas pessoas em centros de inovação global, longe da burocracia asfixiante da matriz, mas rapidamente esquecidas ou ignoradas pela organização central.

- *O drama do crowdsourcing interno* — as tentativas mais sinceras para coletar ideias de inovação dentro da empresa, ou a tentativa de realizar hackathons únicos, sem os meios para tanto.

- *A ilusão da inovação terceirizada* — a contratação de consultores com salários altíssimos para assumir a responsabilidade pela inspiração, execução iterativa e conexões de soluções externas. É um começo, com a exceção de que a real transformação perpétua não pode ser terceirizada.

- *Laboratórios para correr atrás de tecnologias legais* — a tentativa mal orientada de se concentrar nas tecnologias em objetos reluzentes, sem haver clareza quanto aos problemas que precisam ser solucionados.

- *Grupo de inovação das almas altamente delegadas* — o grupo iniciante agitando-se em sua tentativa de dar seu melhor para conduzir as mudanças mais difíceis na empresa.

Certamente, há elementos dessas táticas com papéis a serem desempenhados em um programa bem-sucedido de transformação disruptiva. No entanto, sua aplicação fortuita não leva a uma estratégia suficiente para a transformação digital.

O teatro da inovação é o oposto da suficiência estratégica.

O que proporciona uma suficiência estratégica é um mix forte de portfólio e o volume correto de entradas de projetos, que explico com mais detalhes nas próximas seções, com os exemplos do Alphabet/Google para o mix de portfólio e do Virgin Group por gerar o volume correto de ideias com contribuições. Essas são as organizações às quais uma cultura fecunda de inovação vem naturalmente. Em algum momento durante seu ciclo inicial de crescimento, elas reconheceram que sua melhor estratégia de negócios seria uma de mudanças constantes. Não importa como chegaram lá. Apenas precisamos separar sua disciplina e atingir a essência do que pode ser transplantado a outras organizações.

A Fórmula do Alphabet/Google para um Mix Suficiente de Ideias Transformadoras

O Google sempre teve uma cosmovisão empreendedora correndo em suas veias desde sua fundação, mas o ex-CEO Eric Schmidt leva os créditos ao fazer da transformação algo sistêmico por meio de um mix de portfólio que inclui ideias com grandes apostas e com melhorias incrementais, além das operações diárias.

É importante ter um mix saudável — se a lista de ideias estiver pendendo muito para a mudança incremental ou para as ideias arriscadas, o resultado começa a se degenerar. Um bom mix inclui ideias que melhoram as operações diárias, outras que possibilitam a evolução contínua, somadas às ideias disruptivas que viram o jogo, ou 10X, como são denominadas, porque entregam um impacto dez vezes maior em contraste com 10% de melhorias. Eric Schmidt defende um mix disso, com uma proporção aproximada de 70-20-10.

O Mix 70-20-10 para a Suficiência Transformacional

A fórmula usada pelo Google tem uma proporção de 70-20-10 de recursos de funcionários para inovação.[30] Especificamente,

- 70% das habilidades das pessoas são *dedicadas* ao negócio principal.
- 20% de suas habilidades estão *relacionadas* com um projeto principal.
- 10% de suas habilidades são gastas com novos negócios *não relacionados*.

O segredo foi criar uma plataforma na qual os funcionários pudessem assumir riscos sistêmicos, prosperar na ambiguidade e ser estimulados a apresentar protótipos em vez de slides. As ideias tinham de ser originais. A cultura precisava promover "sim" em vez de "não". Era necessário alimentar o negócio principal ao mesmo tempo que as ideias disruptivas 10X eram enormemente encorajadas.

Montar e gerir de forma profissional um portfólio suficiente de projetos proporciona a transformação digital suficiente e escalonada.

Para deixar claro, a proporção 70-20-10 não é uma fórmula universal para todos os portfólios de inovação. No entanto, a ideia genérica possui raízes profundas. Em um artigo da *Harvard Business Review* de maio de 2012 intitulado "Managing Your Innovation Portfolio",[31] Geoff Tuff e Bansi Nagji relataram que um estudo conduzido em empresas dos setores de manufatura, tecnologia e bens de consumo revelou que aquelas que alocaram 70% de suas atividades de inovação para as iniciativas principais, 20% para as adjacentes e 10% para as transformacionais se saíram melhor que suas semelhantes com um prêmio no índice preço/lucro de 10% a 20%. O que essas organizações conseguiram fazer não foi apenas atingir o equilíbrio ideal de iniciativas centrais, adjacentes e transformacionais, mas também implementar ferramentas e recursos para gerir as várias iniciativas como parte de um todo integrado.

A Jornada de Eric Schmidt para Codificar a Fórmula 70-20-10

Caso você tenha investido na IPO [Oferta Pública Inicial] do Google em agosto de 2004, provavelmente está se sentindo muito bem. Até julho de 2018, o preço da ação do Google (Alphabet) havia subido quase 2.300% desde a IPO. E um dos fatores essenciais para isso é o histórico invejável de transformações contínuas, graças aos esforços do então CEO Eric Schmidt para codificar as transformações constantes.

Eric Emerson Schmidt nasceu na Virgínia, filho de Eleanor e Wilson Schmidt. Era um dos três filhos em uma família altamente instruída. Após seus estudos iniciais na costa leste, Schmidt fez seu mestrado e doutorado na UC Berkeley. Ele passou, então, a construir sua carreira em TI, passando por organizações ilustres como Bell Labs, Xerox PARC e Sun Microsystems. Em 1997, foi nomeado CEO e presidente do conselho de administração na Novell. Em 2001, os fundadores do Google, Larry Page e Sergey Brin, estavam procurando alguém para administrar a empresa, e escolheram Schmidt. Pediram a ele que desenvolvesse a infraestrutura corporativa necessária para uma empresa com crescimento rápido.

Não demorou a perceber que a melhor forma de ganhar consistentemente em um mundo de rápidas mudanças era contratar os melhores e criar um ambiente que estimulasse, de maneira ativa, sua criatividade. A inovação não era apenas o trabalho das poucas pessoas que trabalhavam usando jalecos de laboratório, enfiados em bunkers. Na maioria das organizações inovadoras, a inovação era um verbo, e não um substantivo.

Schmidt desenvolveu a ideia de usar o modelo 70-20-10 para alimentar o crescimento constante no negócio atual, assim como para descobrir novos negócios. Parece um bom conceito, mas o primeiro desafio do Google foi colocar isso em prática. Em uma entrevista para a revista *Business 2.0*, disse: "Durante um tempo, deixávamos os projetos em salas diferentes. Assim, caso ficassem em uma sala por tempo demais, saberíamos que não estávamos empregando nosso tempo corretamente. Foi meio que um dispositivo idiota, mas funcionou muito bem. Agora temos pessoas que de fato gerenciam isso, então sei como gasto meu tempo, que é por meio da fórmula 70-20-10."

Durante seu tempo no Google, 70% de suas atividades incluíam áreas como pesquisas principais e propagandas. Os 20% de adjacências representavam produtos como Google News, Google Earth e Google Local. E um exemplo das atividades de 10% incluía a iniciativa Wi-Fi, que buscava fornecer gratuitamente um amplo acesso à internet para conectar mais pessoas no início dos anos 2000.

O modelo 70-20-10 continua a ser usado, com algumas variações na proporção, por um grande número de empresas inovadoras. O efeito do portfólio com risco controlado, que mistura projetos de grandes apostas com iniciativas que possuem apostas incrementais, é inegável.

Como Focar o 10 do Modelo 70-20-10

Está muito claro como executar as inovações nas partes 70 e 20 do modelo 70-20-10. É o trabalho de inovação disruptiva (ou seja, o 10 do modelo 70-20-10) que exige uma cosmovisão diferente e, portanto, uma nova disciplina. É aqui que o conceito, popularizado pelo Alphabet — moonshot thinking —, tem utilidade. O termo deriva do desafio original feito pelo presidente John F. Kennedy de ir à lua. Ele preconiza as ideias que entregam um impacto 10 vezes maior (10X) em vez daquelas incrementais. A empresa do Alphabet chamada X (anteriormente chamada de Google X) é a principal proponente desse tipo de pensamento. A X afirmou que às vezes é mais fácil realizar algo dez vezes melhor do que melhorá-lo 10%. Embora possa ser controversa, a questão é que buscar uma melhoria de 10X exige a quebra de todos os paradigmas existentes relacionados ao problema. Todo o restante leva ao pensamento incremental. Dessa forma, o 10X é uma grande estrutura para separar o pensamento incremental do pensamento disruptivo. As recompensas por acertar com uma ideia podem ser enormes. Por exemplo, a empresa Waymo do Alphabet/Google, que faz o carro autônomo, foi avaliada em mais de US$100 bilhões pela UBS.

Como Criar uma Fábrica de Disrupção 10X (Moonshot)

A abordagem do Google para o 10X foi criar uma organização descentralizada, separada, chamada X, anteriormente conhecida como Google X. É um bom estudo sobre a geração de inúmeras ideias e da aplicação de algumas selecionadas por meio de um portfólio disciplinado.

O Alphabet gera centenas de ideias empreendedoras internamente, e, além disso, obtém outros milhares em suas conferências e atividades de crowdsourcing. Dessas, apenas uma pequena fração chega à fábrica de processamento 10X, que é a X.

A X está configurada para executar apenas projetos 10X. As outras empresas do Alphabet têm seu foco nas operações de rotina (o 70 no modelo 70-20-10) e nas melhorias contínuas (o 20).

A filtragem dos milhares de ideias em potencial para chegar ao pequeno portfólio de projetos 10X é feita por meio de uma combinação de dados e da apreciação dos principais cientistas da X, que têm a palavra final quanto ao destino das ideias. Mesmo após a seleção das ideias para que tornem os poucos projetos escolhidos, elas são executadas iterativamente para descartar o máximo de ideias com baixo valor, o mais rápido possível durante o ciclo. O que permanece após a filtragem constante é um pequeno conjunto de projetos altamente disruptivos. Entre eles, a X lista as mais poderosas, como Google Brain (que possibilita o reconhecimento de voz, busca por fotos e recomendações de vídeos), Google Contact Lens (que auxilia os diabéticos, monitorando os níveis de glicose) e os carros autônomos, além de outros produtos muito fascinantes no Project Loon (fornecendo acesso à internet por meio de balões na estratosfera), o Project Wing (entregando produtos em toda uma cidade por meio de veículos voadores) e o Project Glass (entregando uma realidade aumentada por meio de um display preso à cabeça).

Surpreendentemente, muitas transformações digitais abrem mão da oportunidade de executar um portfólio 10X disruptivo, pois presumem que seja muito na contramão ou muito caro. Nada poderia estar mais distante da verdade. O programa NGS não gastou praticamente nada, com foco exclusivo nas ideias 10X, e deu retornos em menos de dois anos.

A Parte do Volume da Suficiência Estratégica

Um bom mix de portfólio em seu plano de investimentos financeiros pessoais ajuda a otimizar o risco. No entanto, se o plano vai gerar retornos suficientes para que, digamos, possa se aposentar confortavelmente, dependerá de quanto você investirá nele. Esse "volume de entrada" tem um paralelo na transformação digital também, ou seja, quantas ideias e projetos estão sendo canalizados para os esforços de transformação. A geração sistêmica de um número suficiente de *projetos* (além da geração de *ideias*) de transformação é fundamental para que seja gerado combustível o bastante para uma transformação suficiente. Há muitas formas de abordar a geração dessas ideias para os projetos, mas gosto mais do "intraempreendedorismo", um sistema para aplicar as práticas do empreendedorismo dentro de uma organização grande.

O intraempreendedorismo direcionado pode gerar projetos de transformação o bastante (ou seja, o combustível) para a transformação suficiente.

Vamos esclarecer, o intraempreendedorismo sem o restante das disciplinas da transformação digital produz poucos frutos. No entanto, quando tem o suporte delas, é uma ferramenta poderosa. Muitos produtos icônicos bem conhecidos surgiram de programas de intraempreendedorismo dentro de algumas das empresas líderes mundiais, incluindo:

- Tecnologia DLP (Processamento Digital de Luz) — Texas Instruments

- Cordas para guitarra Elixir — W. L. Gore

- Gmail — Google

- Bloco autoadesivo Post-it — 3M

- Linguagem de programação Java — Sun Microsystems

- PlayStation — Sony

- Clínicas de saúde em lojas — Walmart

- Diversos roteiros de filmes — DreamWorks

Mas o exemplo de intraempreendedorismo que considero mais surpreendente é do Virgin Group. Sir Richard Branson, fundador do grupo, é um grande proponente da transformação disciplinada guiada pelo intraempreendedorismo.

A Abordagem do Virgin Group para o Intraempreendedorismo

Pela maioria das métricas objetivas, Sir Richard Branson tem sido um empreendedor serial altamente bem-sucedido. Seu Virgin Group gerou mais de 500 empresas e atualmente detém mais de 200. Para um grupo que existe há menos de cinco décadas, é um registro impressionante.

O que fascina é a pura extensão de tipos diferentes de setores no grupo e as taxas de sucesso das empresas. Como o Virgin Group gera a consistência que permeia empresas tão variadas? Em um artigo para a revista *Entrepreneur*, Branson falou sobre a importância do intraempreendedorismo na condução da transformação perpétua no grupo. "E se o significado da sigla CEO passasse a ser 'chief enabling officer' [diretor-executivo de capacitação]? E se o papel principal do CEO fosse nutrir uma ninhada de intraempreendedores que se tornariam os empreendedores do amanhã?" Branson admite que o Virgin se deparou com esse modelo porque, quando entraram em negócios dos quais não tinham muito conhecimento, eles precisaram capacitar algumas pessoas selecionadas que soubessem o que estavam fazendo. O modelo de intraempreendedorismo claramente valeu a pena para o Virgin.

Os processos do grupo são altamente propícios ao intraempreendedorismo, contendo comunicações disciplinadas, treinamento e processos de ideação projetados para gerar ideias internas. Diversas inovações do Virgin, incluindo o design herringbone [espinha de peixe] para assentos da classe executiva em aviões comerciais, proporcionando a cada passageiro um assento leito com saída para o corredor, devem sua existência ao programa de intraempreende-dorismo do Virgin (veja o box a seguir). A cultura do grupo espelha o estilo de seu fundador. Brandson é conhecido por ser capacitador, com uma crença profunda no empoderamento de seu pessoal para tomar decisões. Ele possui alguns princípios empresariais fundamentais, sendo um deles proteger as baixas setoriais. Outro é se divertir em sua empresa. Ele usa isso como um critério para escolher em quais negócios entrar. Os processos disciplinados para coletar inovações com base nesses princípios de baixo para cima, e depois mesclá-los com uma estratégia de cima para baixo, serve como uma fonte poderosa de mudanças constantes no Virgin[32, 33, 34], conforme mostra seu registro de inovações.

Há ainda outro aspecto da cultura de intraempreendedorismo do Virgin. Ela também serve para propagar uma cultura de aceitação da mudança contínua. Voltarei a falar sobre esse assunto no Capítulo 11, "Cultura Ágil".

A Jornada de Sir Richard Branson para Criar um Gigante em Evolução Perpétua... e Seu Amor pelo Intraempreendedorismo

Richard Charles Nicholas Branson nasceu em Surrey, Inglaterra, no ano de 1950. Seu pai era advogado e sua mãe, comissária de bordo. Em seus primeiros anos de vida, Branson sofreu devido à dislexia, encontrando dificuldades com as instituições educacionais tradicionais. Aos 16, convenceu seu pai a deixá-lo abandonar o internato onde estudava em Stowe, Inglaterra, para começar uma revista chamada *Student*. Seu pai concordou, mas sob a condição de que vendesse £4 mil em propagandas, para cobrir seus custos. Branson acabou vendendo £8 mil em propagandas e distribuiu 5 mil cópias da revista gratuitamente.

Em 1969, teve a ideia de começar uma empresa de pedidos de discos por correios para financiar sua revista. Ele e seu sócio, Nik Powell, consideravam-se virgens nos negócios e escolheram esse nome para seu empreendimento. A experiência levou-os à abertura de uma loja de discos e, posteriormente, um estúdio em Oxfordshire. O grande avanço nos negócios surgiu com a Virgin Records. Seu primeiro artista, Mike Oldfield, gravou uma música que se tornou um sucesso enorme, "Tubular Bells", levando a Virgin Records a assinar contratos com artistas icônicos com o passar do tempo, como os Rolling Stones, Culture Club e Genesis.

Em 1980, Branson expandiu os negócios para o setor de viagens, lançando o Voyager Group, seguido pelo Virgin Atlantic em 1984. O Virgin Group foi formalmente incorporado em 1989 como uma holding. As empresas do Virgin variam desde viagens (Virgin Atlantic), saúde (Virgin Health Bank), livros (Virgin Books) ao aeroespaço (Virgin Galactic), com receitas líquidas de £19,5 bilhões (2016).

Branson tem sido um forte propagador do intraempreendedorismo, de forma consistente. Ele dá os créditos a esse método por suas diversas inovações no grupo. Falando sobre alguns exemplos memoráveis, ele diz: "Um exemplo que me vem à mente foi a Virgin Atlantic, cerca de dez anos atrás. Nenhuma das empresas de design de assentos grandes e caras parecia conseguir resolver os problemas de design apresentados por nossas especificações para as classes mais altas no avião, mas um jovem designer, Joe Ferry, voluntariou-se (insistentemente) para dar início ao projeto. Demos liberdade a ele, e os conjuntos de assentos leito privados configurados no formato espinha de peixe resultantes de sua criatividade 'fora da caixa' colocaram-nos anos à frente dos outros e proporcionou a felicidade para milhões de passageiros na horizontal."

Suficiência Estratégica nos NGS da Procter & Gamble

Uma das lições que aprendi com tentativas anteriores de implementar a inovação nos GBS foi de que possuir um punhado de ideias poderosas não cria um portfólio disciplinado e suficiente de resultados. Portanto, tivemos que resolver os problemas tanto de "mix certo" como de "volume certo" para termos a transformação sustentável. Analisamos várias opções e acabamos configurando os NGS para focarem apenas os experimentos (projetos) de mudança disruptiva 10X, enquanto a organização central conduziria as melhorias contínuas, ou seja, o 70 e o 20 no modelo 70-20-10. Com o reconhecimento de que as disrupções 10X exigem processos e sistemas de recompensa diferentes do que aqueles das operações normais, essa divisão fazia sentido. Ela nos permitiu implementar projetos diferentes para as recompensas, reconhecimento e gestão de risco nos NGS, que seriam diferentes do restante da empresa.

Por exemplo, um caso de como cultivamos e apoiamos os projetos de alto risco e alto retorno foi a criação de uma nova terminologia. O termo "projetos" foi substituído por "experimentos". Os projetos carregam uma expectativa de sucesso, enquanto os experimentos transmitem uma proposição mais arriscada à organização central.

Outro exemplo de um processo para cultivar o comportamento moonshot foi a própria composição do portfólio NGS. Criamos a estratégia 10-5-4-1, que mencionei anteriormente. Essa proporção foi baseada no que alguns capitalistas de risco fazem com seus portfólios, e funcionou para os NGS também.

A parte do volume da suficiência estratégica foi resolvida ao alavancarmos nosso vasto ecossistema de recursos internos e externos para gerar centenas de ideias. Em conjunto, a maneira como a suficiência estratégica dos NGS funcionava é simples — os ecossistemas internos e externos geravam um grande número de ideias (que sempre eram uma resposta a uma área estratégica de oportunidade de GBS). Dessas, em determinado ano poderíamos escolher dez para transformarmos em experimentos formais. E, então, a proporção 10-5-4-1 foi aplicada à execução.

Resumo do Capítulo

- Para uma transformação digital suficiente, é importante diferenciar as histórias anedóticas de sucesso das transformações sistêmicas. Uma transformação digital sustentável conta com um grande número de ideias de inovação, e depois as processa de forma eficaz para descontinuar a maioria. Portanto, a suficiência estratégica inclui a habilidade de gerar suficiência em termos de números de ideias, assim como suficiência de portfólio para transformar algumas em sucessos importantes.

- Administrar portfólios eficazes, como o modelo 70-20-10, pode auxiliar os planos de transformação digital a se tornarem sustentáveis.

- Dentro do mix 70-20-10, o pensamento moonshot, também chamado de abordagem 10X, é uma ferramenta poderosa para gerar ideias para o segmento 10.
- Programas de intraempreendedorismo são um ótimo mecanismo para gerar um número suficiente de ideias.

Sua Checklist de Disciplinas

Avalie sua transformação digital com as perguntas apresentadas na Figura 18, de modo a seguir uma abordagem disciplinada para cada passo na Transformação Digital 5.0.

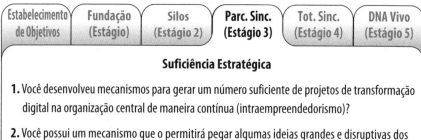

Suficiência Estratégica

1. Você desenvolveu mecanismos para gerar um número suficiente de projetos de transformação digital na organização central de maneira contínua (intraempreendedorismo)?

2. Você possui um mecanismo que o permitirá pegar algumas ideias grandes e disruptivas dos testes-piloto e escaloná-las rapidamente?

3. Você possui mecanismos, incluindo sistemas de risco/recompensa, que permitem que pelo menos 50% de suas iniciativas aprendam com os fracassos?

4. Você dividiu os critérios de recursos e sucessos em 70 (atividades operacionais centrais), 20 (atividades de melhoria contínua no centro) e 10 (inovação disruptiva)?

5. Você identificou as métricas certas para o sucesso, de modo a celebrar os resultados da transformação digital e não apenas as atividades de teatro de inovação corporativa?

Figura 18 Sua checklist de disciplinas para a suficiência estratégica

Estágio 4

Totalmente Sincronizado

O que É o Estágio 4?	O momento em que a plataforma digital de todo o empreendimento, ou um novo modelo de negócios, enraizou-se totalmente. No entanto, é uma transformação que ocorre apenas uma vez. Basta uma única mudança tecnológica (ou de modelo de negócios) para sofrer disrupção.
Causas de Fracasso	Inabilidade para completar a única transformação digital devido a problemas estruturais na organização ou a problemas de alfabetização digital.
Disciplinas para Enfrentar os Riscos	■ *Reorganização Digital* para reiniciar os recursos técnicos tanto da função de TI como do restante do empreendimento. ■ *Permanecer atualizado* quanto ao cenário tecnológico que evolui rapidamente, tanto para a conclusão da única transformação digital como para sua operação contínua bem-sucedida.

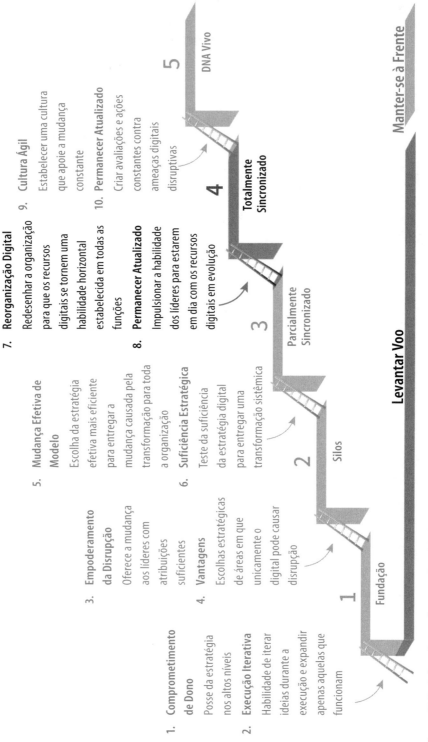

Figura 19 Disciplinas de transformação digital de Estágio 4

Capítulo 9

Reorganização Digital

Imagine colocar o motor de um avião da Segunda Guerra Mundial em um jato comercial moderno. Não é necessário ser engenheiro aeronáutico para saber que isso seria um projeto inviável. O motor velho não teria a potência necessária para que o jato decolasse e permanecesse no ar. E, contudo, a maioria dos empreendimentos que estão passando pela transformação digital fazem exatamente isso quando usam versões antigas de estruturas organizacionais e recursos de TI para potencializar a mudança! Isso pode ser fatal para obter uma transformação digital totalmente sincronizada de Estágio 4.

O empreendimento digital necessita de um novo projeto de motor (ou seja, da função de TI) para criar a potência de levantar voo e permanecer no ar, assim como as aeronaves modernas precisaram de uma nova leva de motores nos anos 1940. Os motores modernos para o digital são as novas funções de recursos de TI. Além disso, a própria aeronave necessitará ser construída com materiais modernos, que uso como analogia para a necessidade de atualizar amplamente a alfabetização digital por todo o empreendimento.

Começarei com o primeiro tópico, a necessidade de um novo projeto de motor. Novamente, a analogia da aeronave é de auxílio aqui. Os primeiros projetos de aeronaves eram baseados em motores a pistão, como aqueles usados em cortadores de grama hoje em dia. Os aviões eram leves, carregavam um número limitado de passageiros e voavam quase sempre em altitudes relativamente baixas, em cabines não pressurizadas. Durante os anos 1940, a necessidade de aeronaves militares que demandavam velocidades maiores levou o setor a desenvolver motores a pistão mais potentes. A evolução dos projetos de aeronaves simples para os jatos mais pesados, rápidos e com melhor desempenho exigiu um projeto completamente diferente de motores. Para facilitar essa transformação, os projetos de aeronaves começaram a usar motores com turbinas alimentadas a gasolina.

Conforme as empresas evoluem para um estado digitalmente transformado na Quarta Revolução Industrial, uma pergunta similar surge quanto aos recursos de TI da organização: você está alimentando sua transformação digital com uma função de TI de um motor a pistão ou de um com turbinas?

A Evolução dos Motores de Aeronaves, dos Irmãos Wright até Agora

Em 1903, os irmãos Wright queriam obter um motor para seu novo avião. Enviaram pedidos de propostas para o projeto de um motor que produzisse pelo menos 8 cavalos de força (HP) e não pesasse mais de 90kg. Não obtiveram resposta. Como possuíam certa experiência nessa esfera, decidiram que eles mesmos o desenvolveriam. E, assim, o primeiro motor Wright foi criado; produzia 12HP completos! Funcionava a gasolina, tinha quatro cilindros, era feito com alumínio e pesava 31,7kg. Adiantemos um século, e os motores das aeronaves evoluíram significativamente. São muito mais potentes, para começar. Em contraste aos 12HP do motor Wright, o motor típico de um Boeing 737-500 produz aproximadamente 18 mil HP. Mesmo a versão menor do Honda Civic é 13 vezes mais potente do que o primeiro motor Wright!

Enquanto isso, o modelo do motor a pistão alimentado por gasolina, como o usado pelos irmãos Wright, continuou a ser usado em aeronaves durante as quatro décadas seguintes, mas chegou o momento em que teve de confrontar as limitações de seu modelo para as aeronaves modernas. Não foi até o final dos anos 1930 e início dos anos 1940 que a produção dos modelos de motor arriscou a transição dos pistões para as turbinas movidas a gasolina, com base em um modelo patenteado por Sir Frank Whittle.

Os motores de turbinas movidas a gasolina ofereceriam a próxima geração de recursos. Eles inerentemente operam por princípios mecânicos totalmente diferentes. Os motores a pistão são baseados, essencialmente, em um mecanismo de reciprocidade (movimento de ir e vir) que converte a energia, proveniente de um processo de combustão, em um movimento mecânico.

Por outro lado, as turbinas movidas a gasolina não têm partes recíprocas, apenas de rotação. Elas possuem lâminas rotatórias que comprimem o ar na frente do motor, que então é misturado com o combustível e entra em combustão. É a expansão da gasolina produzida pela combustão que é empurrada por uma pequena saída que produz o empuxo. O modelo proporcionou o próximo passo da mudança da proporção potência versus peso. A maioria dos jatos comerciais utiliza esse modelo atualmente, embora algumas aeronaves menores ainda tendam a usar os motores a pistão.

A analogia de usar novos recursos e habilidades de TI como "motores" que impulsionam a transformação digital não é inédita. No modelo de organizações, há tempos as pessoas são consideradas os "motores de mudança" dos empreendimentos. A tecnologia digital é considerada um "motor de crescimento" para que a maioria das organizações aumentem as receitas. Colocar sistematicamente as pessoas e os recursos digitais como motores de transformação é um simples desdobramento.

Sua Função de TI é um Motor a Pistão ou uma Turbina Movida a Gasolina?

Antes de lançar minha analogia do motor, precisamos fazer um breve desvio para falarmos de terminologia. Empreendimentos diferentes possuem nomes diferentes para as organizações envolvidas nos recursos digitais, por exemplo, função de TI, de Chief Digital Officer, de Unidades de Negócios Globais ou de Departamento de Transformação. Atualmente, a maioria dos empreendimentos também possui múltiplas organizações realizando essas funções. Acredito firmemente que todas essas funções digitais capacitadoras terão de se unir em algum momento. Essa é a parte principal da "atualização de motor" tratada neste capítulo. Entretanto, essas múltiplas organizações nos deixaram com um dilema sobre como denominar esse grupo coletivo. Por razões de simplificação, neste capítulo faço referência a todas elas coletivamente como a "função de TI".

Como aprendemos com a experiência da atualização constante de nossos smartphones, a tecnologia fica ultrapassada rapidamente. O mesmo se dá para as funções de TI nos empreendimentos. As tecnologias de TI, suas operações de escopo e suas capacidades têm ciclos de vida muito curtos. Isso é uma verdade histórica, e não surpreende. A novidade é que a versão do motor a pistão da TI atingiu um ponto de inflexão. Ela precisa de um motor deliberadamente diferente. Não estamos mais falando sobre a evolução; mas sobre um redesign drasticamente diferente. A nova função de TI não trata apenas de novas plataformas de tecnologia, um novo termo de abertura de projeto ou novas capacidades; ela trata da liderança sobre todas as outras funções e unidades de negócios na empresa rumo a novos modelos de negócios capacitados pela tecnologia. O empreendimento digital necessita que o digital seja feito por todas as funções, mas alimentado pela TI. E é por isso que acredito que a nova função de TI necessita de um termo de abertura de projeto totalmente novo e de uma nova denominação: a função de recursos digitais.

A versão do motor a pistão da TI atingiu um ponto de inflexão. Ela precisa de um motor deliberadamente diferente, um termo de abertura de projeto totalmente novo e de uma nova denominação: a função de recursos digitais.

A Disciplina de Redesign para a Próxima Geração de Recursos de TI

Para compreender por que um novo "motor" de função de TI é necessário, talvez ajude começar com o seu papel. O papel histórico da TI tem sido de capacitação. Ela trouxe eficiência à automação de processos e funções dos empreendimentos como finanças, vendas, marketing, produção, RH e outros. Isso continua a ser o trabalho básico na maioria das organizações de TI (veja a Figura 20).

Entretanto, ao longo dos últimos 15 anos, uma nova leva de empresas começou a evoluir: as empresas nativas digitais. Essas empresas não pensam em TI apenas como tendo uma função de capacitação; elas baseiam todo o seu negócio em dados e tecnologia digital. Assim, enquanto a Barnes & Noble iniciou com lojas e livros físicos, a Amazon iniciou com um site que aceitava pedidos e pagamentos, e desenvolveu seus processos físicos posteriormente. A tecnologia não foi apenas uma capacitadora, foi o fundamento total de seus modelos de negócio.

No início, as empresas incumbentes não ficaram muito preocupadas. Elas acreditavam que as nativas digitais não tinham as parcerias, a presença física, os recursos ou as capacidades operacionais para serem uma ameaça real. Com o tempo, isso acabou se tornando uma falácia. As empresas nativas digitais possuem a vantagem da velocidade (por exemplo, a reserva online de passagens aéreas versus as antigas agências de viagens) e a possibilidade de criar modelos de negócios digitais totalmente novos (como o crowdsourcing feito pelo Airbnb para os quartos vagos). Em outras palavras, a tecnologia de TI deixou de ser uma capacitadora nos antigos empreendimentos para se tornar a única maneira como empresas nativas digitais operam. Juntamente com este novo papel da TI, é necessário haver um renascimento da própria função de TI.

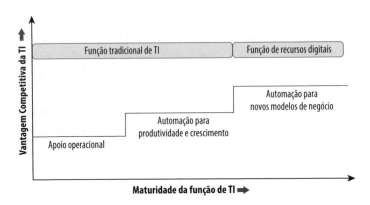

Figura 20 A maturidade da função de TI

Desenvolvendo uma Nova Geração de Recursos de TI por meio da Função de Recursos Digitais

Em seu âmago, está a mudança da "gestão" de tecnologia para a "liderança" do ecossistema digital do empreendimento. No entanto, a mudança não é apenas administrativa; há recursos de tecnologias, plataformas e pessoas que necessitarão ser refeitos. Identifiquei seis vetores de mudança:

- *Plataformas tecnológicas mais flexíveis*: A Amazon e outras empresas nativas digitais possuem o recurso de fazerem centenas de mudanças perceptíveis a seus sistemas para testar novos modelos de negócios diariamente. Elas usam uma nova geração de recursos digitais para mesclar escalonamento e velocidade para apoiar os modelos de negócios digitais em constante evolução. Por outro lado, as tecnologias atuais na maioria dos empreendimentos foram projetadas originalmente para a eficácia e escalonamento. Elas são grandes e complexas, levaram muito tempo para ser implementadas e levam ainda mais para serem modificadas. Considere as implementações de grandes planejamentos de recursos de empreendimentos (como o SAP). Esses sistemas monolíticos funcionavam muito bem no passado porque o objetivo era sempre o escalonamento. A nova revolução digital mudou esse objetivo.

- *Mais agilidade na execução*: Peça a opinião de qualquer líder de uma grande unidade de negócios de um empreendimento sobre os projetos de TI em geral e é provável que terá respostas liberalmente salpicadas com "milhões de dólares" e "anos para implementar". Entretanto, uma startup nativa digital poderia alugar um servidor com software de processamento de pedidos e colocar uma empresa para funcionar em minutos. As grandes organizações de TI têm um grande desafio com a execução ágil.

Capítulo 9 | Reorganização Digital 109

- *Habilidades com tecnologia mais moderna*: As cinco habilidades mais bem pagas em 2018 de acordo com a revista *CIO*[35] foram: segurança de informações, DevOps, data science, desenvolvimento de aplicações empresariais e aprendizado de máquina. A única coisa que você precisa saber como líder na Quarta Revolução Industrial é que, talvez, apenas uma dessas cinco — desenvolvimento de aplicações empresariais — estaria na lista cinco anos atrás. Quantos de seus profissionais de TI estão no empreendimento há mais de cinco anos? Quantos dominam as habilidades mais recentes?

- *Novos recursos para liderar a transformação digital*: O profissional de TI do futuro necessitará muito de habilidades não técnicas — incluindo criatividade, comunicação, influência e trabalho em equipe — além das técnicas. Além disso, uso o termo "técnico" em seu sentido mais amplo para incluir fatores como mapeamento de processos, criação de modelo de negócio e lean execution, acrescentados à tecnologia de TI. Devemos esperar isso conforme o papel da função de TI evolui de "fazer" tecnologia para "liderar" a transformação digital. A nova função de recursos digitais exige um conjunto de habilidades de um líder transformacional que também seja um guru da tecnologia. A abordagem tradicional tem sido usar consultorias que aparentemente possuem tal mescla. Talvez haja um papel legítimo para as consultorias, em especial durante a transição. No entanto, isso fica problemático em longo prazo, tendo em mente o objetivo de liderar a transformação perpétua de Estágio 5, da qual tratarei no próximo estágio.

- *Governança do ecossistema digital*: A mão de obra autônoma nos EUA está crescendo três vezes mais rapidamente do que a mão de obra geral, e as projeções indicam que será a maioria até 2027.[36] Dentro da mão de obra autônoma, o crescimento em TI é mais rápido do que a maioria das outras funções. E também, conforme os sistemas dos empreendimentos inteiros ficam cada vez mais interconectados, o conjunto predominante de habilidades em demanda será mais de governança e menos de gestão.

- *Ecossistema atualizado de fornecedores*: É muito provável que a mescla de fornecedores de TI e parceiros que estavam associados à antiga função de TI não seja a melhor escolha para a função de recursos digitais. Parte disso é fácil de ser compreendida: os fornecedores que eram ótimos para os objetivos de estabilidade e eficiência de custos talvez não estejam prontos para a transformação digital. No entanto, isso é apenas uma parte do problema. A outra parte é que as mesmas forças digitais disruptivas também estão agindo no setor de TI. Os parceiros de serviços tradicionais de TI estão sendo pressionados conforme suas empresas centradas em pessoas estão sofrendo disrupção. Ficar preso a contratos multimilionários com muitos anos de duração com os provedores da antiga geração de TI, mesmo para os serviços de "commodity de TI", pode não estar no melhor de seus interesses. Os contratos atuais podem ser otimizados para ter mais eficiência de custos do que agilidade e inovação. O segredinho sujo da terceirização de TI é que os provedores pegam determinado escopo de trabalho, congelam-no e prometem entregá-lo com uma redução de 15% a 50% de custos, em parte por otimizar implacavelmente as eficiências e em parte porque não há muita inovação no antigo escopo de trabalho.

Modernizar o "motor" da função de recursos digitais é apenas metade do trabalho. O restante é complementá-lo com um novo "design de aeronave" dos recursos digitais de todo o empreendimento, que tratamos na próxima seção.

Com Que se Parece a Função de Recursos Digitais?

Ela se parece com um polvo: um cérebro central, mas com presença descentralizada. Uma camada fina para alguns controles (como informações de segurança, padrões de dados e arquitetura aberta de alto nível), juntamente com os papéis do desenvolvimento dos recursos digitais e da inovação disruptiva. Esse é o estado final da estrutura, sendo praticamente certo que a estrutura será muito maior durante a transformação digital em si do que em seu estado final.

Dentro da própria organização de TI, as habilidades incluirão um mix de "cérebro direito" e "cérebro esquerdo". Habilidades humanas (soft skills) para a gestão por meio da influência e habilidades técnicas (hard skills) para a governança. Criatividade para manter a geração de novos modelos de negócio e as habilidades técnicas para executá-los. Disciplinas como experiência de usuário, design thinking, inovação estratégica disruptiva ou pensamento de sistemas e processos serão tão importantes quanto as habilidades totalmente tecnológicas ou habilidades verticais do setor.

A Mudança de Nome é Necessária?

O novo nome em si fornece uma sinalização importante do intento. É uma mudança de foco na tecnologia para foco nos recursos. Isso também é uma oportunidade para estabelecer uma direção clara da transformação digital perpétua de Estágio 5. De forma mais tática, a mudança também pode trazer certa sanidade à gama confusa de títulos de cargos que surgiram de repente, como Chief Digital Officer, Chief Data Officer, Chief Analytics Officer, Diretor de Transformação, Chief Information Security Officer, Chief Information Officer e Diretor de Unidades de Negócios Globais.

Desenvolvendo Novos Recursos Digitais Humanos em Todo o Empreendimento

Em 2014, a AT&T deu início a um esforço ambicioso para retreinar 100 mil pessoas em seu quadro de funcionários para se preparar para um futuro capacitado pelo digital. Dos 250 mil colaboradores da empresa, cerca de metade trabalhava em áreas de ciência, tecnologia, engenharia e matemática. Aproximadamente 100 mil estavam em funções de hardware que não existiriam na década seguinte.[37] As escolhas não eram fáceis — contratar dezenas de milhares de pessoas habilitadas nas novas tecnologias ou investir significativamente no retreinamento da força de trabalho atual. A AT&T escolheu a segunda opção. Hoje, seu programa Workforce2020 planeja gastar US$1 bilhão em um esforço online de vários anos que inclui parcerias com universidades e provedores de cursos online, assim como recursos internos para o desenvolvimento de carreira para o futuro.

A estratégia é ousada, com uma base sólida. Novas habilidades de tecnologia digital em áreas como IA, computação em nuvem e cibersegurança não são apenas difíceis encontrar, mas também estão evoluindo de forma mais rápida do que a possibilidade de contratar novas pessoas.[38] As contratações e programas de treinamento tradicionais não conseguem acompanhar. A alternativa é reabilitar a mão de obra existente para resolver pelo menos parte dessa falta.

A reabilitação digital em todo o empreendimento desenvolve os recursos humanos cruciais necessários para operar a nova estrutura central digital do empreendimento.

Uma transformação digital de Estágio 5 envolve a incorporação dos recursos digitais na essência do empreendimento. É uma escolha estratégica importante que exige novos recursos humanos para operar a nova estrutura central digital do empreendimento. Retreinar a massa de mão de obra atual é uma das grandes decisões possíveis. No entanto, o esforço de desenvolver uma nova estrutura central do empreendimento (ou seja, onde a tecnologia não é apenas a capacitadora, mas o fundamento completo do próprio modelo de negócios) necessitará mais do que o retreinamento dos funcionários. Veja a lista completa:

- *Reabilitar toda a mão de obra*: Há um plano de transformação deliberada de RH para criar a mão de obra digital do futuro?

- *Reabilitar a liderança*: Temos suficiência de habilidades na alta liderança para verdadeiramente alavancar o digital? Em empreendimentos particulares, isso tem início no nível de conselho de administração.

- *Novas políticas de interface humanos/máquinas*: Criamos novas diretrizes e políticas sobre onde e como humanos e máquinas coexistirão?

- *Novos protocolos de segurança*: Temos recursos suficientes para a segurança de informações pessoais e patenteadas no mundo digital — incluindo políticas e tecnologia?

- *Estruturas organizacionais fluidas*: Qual é o modelo organizacional no mundo pós-funções? Como a mão de obra deve se organizar ao redor das tarefas, em contraste aos limites funcionais rígidos? Isso começa com o modelo organizacional da função de recursos digitais.

Juntos, a função reestruturada de TI e os recursos digitais reabilitados no empreendimento fornecem a oportunidade para que novos recursos e ferramentas digitais criem raízes. Eles oferecem a "aeronave" completa, reprojetada, para a Quarta Revolução Industrial.

Resumo do Capítulo

- As transformações de Estágio 4 fracassam porque a operação digital não cria raízes. Isso é um desafio sobretudo de recursos e reabilitação humana.

- Resolver a questão da reabilitação humana tem duas partes. A primeira é desenvolver uma na função de TI, que denomino de "função de recursos digitais", com o papel de capacitação, governança e facilitação contínua da inovação digital. A segunda é a reabilitação digital do restante do empreendimento.

- A estrutura da função de recursos digitais deve tratar da agilidade dos sistemas e processos digitais, o retreinamento de especialistas de TI nas novas tecnologias e processos, e reconstruir o ecossistema de fornecedores para a nova economia.

- A reabilitação digital em todo o empreendimento deve atacar os problemas de alfabetização digital em todos os níveis, das políticas para a interação entre humanos e máquinas, da segurança digital e das estruturas organizacionais fluídas.

Sua Checklist de Disciplinas

Avalie sua transformação digital com as perguntas apresentadas na Figura 21, de modo a seguir uma abordagem disciplinada para cada passo na Transformação Digital 5.0.

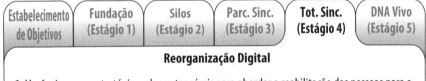

| Estabelecimento de Objetivos | Fundação (Estágio 1) | Silos (Estágio 2) | Parc. Sinc. (Estágio 3) | Tot. Sinc. (Estágio 4) | DNA Vivo (Estágio 5) |

Reorganização Digital

1. Você criou uma estratégia e planos tangíveis para abordar a reabilitação das pessoas para a era digital em termos de liderança e alfabetização digital do funcionário, políticas para a interface entre humanos e máquinas, estruturas organizacionais fluidas, segurança digital etc.?

2. Há uma estratégia para combinar as diversas funções "digitais/TI" no empreendimento para que se tornem uma função capacitadora de recursos digitais?

3. A função de recursos digitais fez um planejamento para introduzir plataformas tecnológicas mais flexíveis e escalonáveis?

4. A função de recursos digitais atualizou os recursos de seu pessoal para incluir mais agilidade na execução, mais expertise de novas tecnologias e novos recursos para a governança de ecossistemas?

5. Você atualizou seu ecossistema de fornecedores para se alinhar com os conjuntos de habilidades necessários para vencer na condição digitalmente transformada?

Figura 21 Sua checklist de disciplinas para a reorganização digital

Capítulo 10

Permanecer Atualizado

"Onde poderíamos usar blockchain na P&G?" Lembro-me de ter perguntado isso para dois fundadores inteligentes de uma startup em junho de 2015. Estávamos em seus escritórios localizados no Vale do Silício, com salas de conferência com paredes de vidro, penduradas sobre um átrio, presas ao teto. A cena era tão futurística quanto a tecnologia de blockchain, que é basicamente uma corrente [chain] segura de blocos [block] de dados, cada um conectado ao anterior, totalmente verificados e gerenciados sem uma autoridade central. É fascinante porque é considerado impossível de ser hackeado. Há ainda a habilidade de registrar qualquer transação de forma correta e segura, desta forma eliminando processos como validação e reconciliação. Isso é relevante, uma vez que a maioria das operações em qualquer empreendimento é realizada como transação — seja fazendo ou pagando um pedido. Se as transações pudessem ser feitas de modo preciso e seguro logo desde a primeira fonte até o último destino (por exemplo, da coleta de batatas no Peru até a venda de salgadinhos no Reino Unido), com certeza isso causaria uma disrupção na forma como as empresas executam suas operações.

O brainstorming que se seguiu após minha pergunta foi intelectualmente estimulante, mas frustrante. Os usos poderiam incluir atividades como rastrear cupons de desconto, propagandas, criação de uma criptomoeda da P&G para facilitar as transações e vendas da empresa em vários países, e assim por diante. O problema era que nenhuma dessas opções estava disponível como solução, nem mesmo em suas formas mais básicas. Os produtos atuais daquela startup tinham como público-alvo o consumidor médio (por exemplo, como pagar o café na padaria). Saí da reunião e arquivei mentalmente o conceito blockchain como uma tecnologia poderosa que não estava madura e pronta para o desafio no empreendimento.

Seis meses depois, me deparei com a mesma startup. Sua atual oferta de produtos incluía diversas soluções de blockchain para empresas, incluindo o rastreamento de envios internacionais de fornecedores corporativos, contabilidade financeira altamente segura e certificação antifalsificação de produtos aos consumidores. Embora estivesse satisfeito com o progresso, ainda fiquei levemente desalentado. Se eu, em minha função de líder transformacional, achei difícil permanecer atualizado com o ritmo de mudança na tecnologia, então, como o líder operacional comum conseguiria enfrentar a situação?

Permanecer Atualizado em um Mundo Digital Volátil

Estar a par de todas as fontes de disrupção e as possibilidades existentes em um mundo digital pode parecer uma tarefa impossível. Isso é verdade tanto para nós enquanto consumidores quanto profissionais e, digamos, empreendedores, executivos e líderes do setor público. O crescimento explosivo de recursos na tecnologia digital é atordoante. Um adolescente hoje tem mais recursos de computação em seu smartphone do que o presidente Bill Clinton tinha à sua disposição enquanto ocupava a Casa Branca. É possível fazer ligações gratuitas para Ásia ou África pelo WhatsApp — que custavam US$3 por minuto 30 anos atrás.

Em nossas vidas como consumidores, vemos atualizações sobre finanças e esportes em tempo real no Yahoo. Cada uma é um parágrafo curto e com conteúdos parecidos. Isso faz total sentido, uma vez que 90% são escritas por robôs. Leio tweets da polícia de minha cidade, Cincinnati, que dizem: "Tiroteio em Avondale esta noite, a vítima mentiu sobre o local do ocorrido, até ser confrontada com evidência @shotspotter! @CinciPD." ShotSpotter é a tecnologia de triangulação acústica usada em Londres, Nova York e outras cidades que usa analytics para identificar exatamente onde tiros e fogo ocorrerem, direcionando a polícia a esses locais em tempo real.

Como executivo empresarial, vejo grandes clientes hábeis com tecnologia fazerem reclamações de contas a receber que chegam aos milhares *para cada pedido* — e cada reclamação é sobre valores que não passam de centavos. Claramente, elas estão sendo geradas por robôs. Não valeria a pena, em termos de custos, que um humano criasse essas microtransações valendo centavos cada.

Nas viagens dos NGS, em busca de novas soluções para a P&G, vi uma IA que conseguia substituir advogados experientes em negociações com alta personalização de contratos, e produtos robóticos originalmente criados para aplicações de defesa que eram quase iguais ao Robocop. Havia salas de reuniões automatizadas que conseguiam reconhecer você ao entrar e iniciavam a videoconferência marcada em sua agenda, sem um único clique. Vi soluções que poderiam transformar todas as atividades de criação de relatório de custos de viagens em uma prática arcaica de um passado distante, e recursos de tradução de idiomas em tempo real que se sobressaíam aos seres humanos. Pode ser um pouco assustador para um executivo que precisa primeiro entender o que é possível para, então, decidir onde focar.

Insights sobre Onde Permanecer Atualizado

Obviamente, é perda de tempo e esforço tentar ficar a par de todos os novos desenvolvimentos digitais. Por meio do meu trabalho ao longo dos anos, percebi que há alguns princípios que podem nos ajudar a permanecer atualizados de maneira focada. Isso se aplica igualmente a permanecer atualizado com o conhecimento, assim como a usar os recursos de produtos disruptivos.

- *Acompanhe possíveis disrupções, mas invista apenas em inovações aplicadas*: Na P&G, a primeira vez que vi a tecnologia de tirar fotos para reconhecer produtos nas prateleiras de lojas de varejo, que rapidamente informavam aos produtores se os produtos estavam fora de estoque ou incorretamente alocados, foi em 2007. Foi um conceito interessante que não estava pronto para aplicação. Acompanhamos a tecnologia a cada ano até que, de repente, ela se tornou madura o suficiente para uso em 2010. Depois disso, passamos a empregá-la rapidamente.

- *Pegue o trem mais lento que está aqui e agora em vez do trem mais rápido, que pode vir mais tarde*: Essa foi uma analogia interessante que surgiu em uma conversa com Salim Ismail. Em termos de tecnologia disruptiva, é geralmente melhor subir em um trem lento que está aqui e funcionando do que esperar a promessa de um trem mais rápido que talvez venha mais tarde. Os benefícios são entregues mais rapidamente, uma vez que nenhuma solução é permanente, de qualquer forma. Em outras palavras, não espere para iniciar os testes se o produto atual já está viável, mesmo que imperfeito.

- *Prefira as soluções rápidas e "descartáveis" que podem ser pagas rapidamente*: Este é um corolário do princípio anterior do "trem lento". O risco de perder dinheiro com uma solução disruptiva imperfeita é mitigado caso sejam pagas em um ano ou dois, de qualquer forma.

Esses princípios me ajudaram a avaliar e selecionar em que área focar. No entanto, ainda fica a pergunta de *como* permanecer pragmaticamente atualizado. Na próxima seção, proponho algumas ideias. Além disso, para ajudar com uma atualização rápida sobre o estado atual, o Apêndice B, no final do livro, oferece uma cartilha básica sobre algumas tecnologias exponenciais selecionadas que provavelmente serão disruptivas para os empreendimentos. Chamo-as de as "Cinco Exponenciais", e elas incluem inteligência artificial, blockchain, automação com processo inteligente, drones/robótica e tecnologias exponenciais com funções especiais e específicas a alguns setores, como a edição do genoma.

A Disciplina de Como Permanecer Atualizado com as Tecnologias Digitais

A disciplina de como permanecer pragmaticamente atualizado não demanda muito tempo e pode ser desenvolvida na rotina do dia a dia dos líderes. A seguir, mostro algumas atividades que podem ser inseridas nos processos de cada empreendimento. Considero-as extremamente eficazes.

- Criar oportunidades de aprendizado executivo
- Fazer parceria com capitalistas de risco (VCs) e startups
- Aproveitar as parcerias para a educação

- Abrir seus dados para os outros via APIs (portais de dados)
- Recrutar a ajuda de embaixadores digitais (usuários hábeis com tecnologia)

Criar Oportunidades de Aprendizado Executivo

Em toda a minha carreira na P&G, além de ler livros e artigos online, reservava um tempo mensalmente para visitar especialistas em tecnologias digitais. As táticas reais variavam conforme minha função, mas incluíam uma combinação do seguinte:

- *Mentoria reversa*: Durante minha função nos NGS, fui afortunado por ter os melhores especialistas do setor vindos de outras empresas para nossa equipe. Para mim, nossas conversas durante o almoço ou happy hour foram as melhores oportunidades de aprendizado da minha carreira. Um desdobramento dessa abordagem pode ser a mentoria de pares, em que uma pessoa mais experiente da organização de TI ou de uma agência externa pode fazer o mesmo.

Não há melhor maneira de fazer a organização se agilizar para permanecer atualizada do que dando o exemplo.

- *Definir os problemas disruptivos*: Engajar-se com mais frequência na definição de problemas disruptivos específicos é outro método ganha-ganha. Nos NGS, nossa cultura informal de escritório aberto ajudou. Todos os tipos de problemas eram debatidos no fórum aberto. Embora eu contribuísse com minha experiência empresarial para aqueles debates para ajudar a resolver os problemas de rotina, aprendi muito sobre as possibilidades digitais.

- *Pareamento setorial adjacente ou complementar*: Os NGS estabeleceram uma aliança com cerca de dez grandes organizações de empresas de serviços compartilhados, chamados Shared Services Innovation Alliance, para compartilhar as ideias mais disruptivas com toda a equipe. Nossos encontros se davam a cada seis meses, e os pequenos debates em grupo eram inestimáveis.

- *Organizar recursos consultivos*: Outro mecanismo eficaz é organizar ecossistemas consultivos sobre tópicos específicos. Os recursos da Singularity University (SU) foram particularmente valiosos aqui. Para mim, o maior desafio da transformação digital foi a gestão da mudança, e a rede da SU, incluindo John Hagel III, foi extremamente útil.

Fazer Parceria com Capitalistas de Risco (VCs) e Startups

Noventa por cento de todas as ideias disruptivas nas quais trabalhamos nos NGS vieram de startups. E isso se deu muito embora o ecossistema dos NGS incluísse as melhores e grandes empresas digitais. É compreensível, pois disrupção é o que as startups fazem. Para aproveitar isso, estabelecemos um processo simples. Cada grande oportunidade dos GBS seria rapidamente resumida em um parágrafo curto e enviada por e-mail para nossos capitalistas de risco parceiros. Eles eram excelentes para fazer nossa conexão com as startups que estavam trabalhando naquela área, e o diálogo subsequente produzia insights e relacionamentos empresariais muito válidos.

Há uma relação altamente simbiótica entre VCs/startups e os grandes empreendimentos. Por um lado, os VCs e as startups precisam de feedback de organizações que são "usuários" reais e, por outro, os empreendimentos precisam das ideias mais recentes deles. Estabelecer conexões periódicas (como o dia do VC/startup) em sua organização (sim, eles estão dispostos a viajar até você!) ou organizar visitas direcionadas aos VCs a cada seis ou doze meses seria um bom começo.

Designar periodicamente uma vaga de alfabetização digital em sua organização para empresas que são suas principais parceiras pode ser benéfico para todas as organizações envolvidas.

Aproveitar as Parcerias para a Educação

Na equipe dos NGS, criamos um calendário de vagas mensais sobre temas de "tecnologias mais recentes" e oferecemos tanto aos fornecedores como aos especialistas internos a oportunidade de compartilhar conhecimentos em sequências rápidas. A maioria das empresas parceiras fica muito disposta a aproveitar as oportunidades gratuitas de levar especialistas às empresas clientes na esperança de estabelecer um patrimônio sólido de expertise. Designar periodicamente uma vaga de alfabetização digital em sua organização para empresas que são suas principais parceiras pode ser benéfico para todas as organizações envolvidas

Abrir Seus Dados aos Outros via Application Programming Interfaces — APIs (Interface de Programação de Aplicativos)

Esta é uma maneira altamente inovadora de gerar novidade "aplicada" e permanecer atualizado ao mesmo tempo. Veja como funciona. Faça um convite direcionado a alguns desenvolvedores de software e de recursos técnicos para que acessem dados relevantes dentro de seu empreendimento para resolver problemas, ou até mesmo desenvolver usos inovadores com base no acesso. Estabeleça acordos comerciais previamente para recompensar e premiar as pessoas que tiverem as ideias e aplicativos mais inovadores. O acesso aos dados pode ser fornecido via APIs seguros, que são as ferramentas de portal que permitem que outros acessem dados específicos ou se comuniquem com seus programas. Uma vez que esse mercado competitivo estiver pronto, há uma explosão de criatividade. Os recursos da organização para atrair e receber um grande número de aplicativos crescem exponencialmente. Diversas grandes empresas, incluindo AT&T, Walmart e FedEx, criaram essa rede de desenvolvimento baseada em API. Nos NGS, criamos algumas oportunidades com prêmios via crowdsourcing usando dados não confidenciais, mesmo sem criar um portal API.

Abra o acesso a dados relevantes via APIs para selecionar desenvolvedores internos e externos e estabelecer modelos comerciais para que se beneficiem com os aplicativos inovadores que criarem.

Recrutar a Ajuda de Embaixadores Digitais (Usuários Hábeis com Tecnologia)

Na P&G, pedimos aos nossos usuários mais hábeis com tecnologia para ocasionalmente treinar outros ou liderar exposições itinerantes de TI em áreas definidas. Eles amaram a oportunidade de ser reconhecidos por sua expertise em TI, e pudemos multiplicar a capacidade da função de TI para escalonar rapidamente as operações por meio de especialistas valorosos.

Usuários especialistas em funções diferentes de TI podem ser uma ótima extensão de seu exército de alfabetização digital.

Resumo do Capítulo

- Mesmo as melhores ideias de transformação digital podem não conseguir criar raízes na organização que não possui os recursos para aproveitá-las ao máximo. Em diversos casos, isso se deve à falta de compreensão dos recursos digitais. É um problema difícil por causa do ritmo da mudança da tecnologia digital.

- Certos princípios para permanecer atualizado sobre os recursos digitais podem ajudar. Dentre eles, temos:

  ▶ Acompanhe possíveis disrupções, mas invista apenas em inovações aplicadas.

  ▶ Pegue o trem mais lento que está aqui e agora em vez do trem mais rápido, que talvez venha mais tarde.

  ▶ Prefira as soluções rápidas e "descartáveis" que podem ser pagas rapidamente.

- Há maneiras disciplinadas de ajudar a organização a permanecer atualizada sobre a tecnologia. Este capítulo oferece cinco técnicas:

  ▶ Criar oportunidades de aprendizado executivo

  ▶ Fazer parceria com capitalistas de risco (VCs) e startups

  ▶ Aproveitar as parcerias para a educação

  ▶ Abrir seus dados para os outros via APIs (portais de dados)

  ▶ Recrutar a ajuda de embaixadores digitais (usuários hábeis com tecnologia)

- As tecnologias que têm mais chances de causar disrupção entram na categoria de tecnologias exponenciais, ou seja, aquelas cujos recursos crescem exponencialmente. O Apêndice B oferece uma rápida cartilha sobre minha escolha das tecnologias digitais mais disruptivas. Resumindo, são as seguintes:

  ▶ *Inteligência artificial*: Este é o recurso de disrupção digital mais difundido.

  ▶ *Processo inteligente de automação*: Talvez seja uma alternativa mais fácil para a eficiência do empreendimento, mas também tem recursos significativos para desenvolver a agilidade das operações.

  ▶ *Blockchain*: A combinação de transações descentralizadas, fácil acesso a muitas partes envolvidas e segurança extremamente alta oferecem a habilidade de causar disrupção em praticamente qualquer sistema de atividades transacionais.

  ▶ *Robótica e drones*: A robótica e os drones causarão disrupção em qualquer tarefa que precise de visão, percepção, auxílio, movimentação, medição ou entrega físicos — incluindo a execução em áreas remotas.

  ▶ *Tecnologias com funções especiais* (realidade virtual, impressão 3D, Internet das Coisas, nanotecnologia, armazenamento de energia, biotecnologia, materiais avançados etc.): Praticamente todos os setores possuem uma ou mais dessas tecnologias que causarão disrupção em seu modelo de negócios. O segredo é identificar e definir em qual investir.

Sua Checklist de Disciplinas

Avalie sua transformação digital com as perguntas apresentadas na Figura 22, de modo a seguir uma abordagem disciplinada para cada passo na Transformação Digital 5.0.

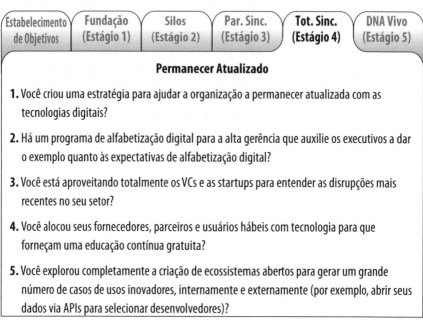

Figura 22 Sua checklist de disciplinas para permanecer atualizado

Estágio 5

DNA Vivo

O que É o Estágio 5?	O estágio da transformação perpétua. A reinvenção constante e uma cultura altamente ágil se tornam instintivas à organização. O empreendimento se torna um líder disciplinado de mercado.
Causas do Fracasso	Perda da vantagem que anteriormente entregou uma transformação de Estágio 4, seja por uma cultura ágil insuficiente ou pela falta de disciplina para perceber e reagir constantemente a novos riscos de disrupção empresarial.
Disciplinas para Enfrentar o Risco	■ *Cultura ágil* para dar apoio à constante evolução da empresa e da organização. ■ *Perceber o risco* ao empreendimento rotineiramente e reagir de forma disciplinada.

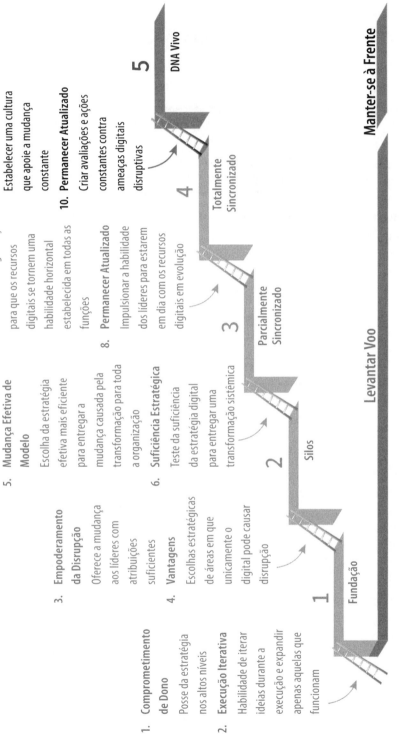

Figura 23 Disciplinas de transformação digital de Estágio 5

Capítulo 11

Cultura Ágil

As disrupções durante uma revolução industrial são constantes. A Uber, exemplo original de um disruptor digital, enfrenta possíveis disrupções de carros autônomos e de empresas de compartilhamento de caronas locais, sem mencionar os táxis-aéreos. É aqui que o Estágio 5 se apresenta como o estado de se manter à frente, ou a transformação digital perpétua.

A disciplina de desenvolver uma cultura ágil é uma abordagem testada e comprovada para facilitar a reinvenção constante. A Adobe, empresa global de software, é um exemplo excelente de empreendimento que exibe um estado constante de reinvenção. Ela iniciou nos anos 1980 como desenvolvedora do software de impressão, PostScript, passou para edição de gráficos com o Photoshop e, depois, desenvolveu um império invejável de software de mídias e apresentação no início dos anos 2000. Em 2013, ela se reinventou, deixando de ser uma empresa de mídia e marketing digital vendendo pacotes de softwares, passando a licenciar os recursos. Esse passo revolucionou a forma como grandes empresas de software vendem seus produtos. Atualmente, ela continua a evoluir em novos negócios e e-commerce.

Essa agilidade empresarial repousa sobre sua cultura corporativa invejável e ganhadora de prêmios, como ilustro com o exemplo a seguir.

Como a Agilidade da Adobe Contribui para a Evolução Constante

Em 2012, uma executiva da Adobe cometeu um erro (bem-intencionado)[39] que acabou se tornando uma grande conquista para a empresa. De acordo com a *Forbes*,[40] em março de 2012, a vice-presidente sênior de recursos humanos da Adobe, Donna Morris, participava de uma viagem a negócios na Índia. Apesar de ter acabado de chegar e ainda sofrendo um pouco com a diferença de fuso horário, ela concordou em dar uma entrevista para um repórter da *Economic Times*. Ele lhe perguntou o que poderia fazer para causar disrupção na área de recursos humanos. Morris, que possuía uma forte convicção a respeito de como as avaliações de desempenho tendem a atrapalhar o desempenho dos funcionários, manifestou-se: "Estamos planejando abolir o formato das avaliações de desempenho." Foi uma resposta excelente, com exceção de um pequeno detalhe — ela ainda não havia conversado a respeito da ideia com o CEO da Adobe!

No dia seguinte, a declaração estava na capa do jornal. Morris ficou consternada. Ela teve que trabalhar intensamente com a equipe de comunicação da Adobe para publicar um artigo sobre a intranet da empresa, convidando os funcionários a ajudarem a examinar e mudar os métodos de avaliação de desempenho da Adobe o mais rápido possível.

123

> **Uma cultura receptiva de novas ideias, ao ponto de perdoar um entusiasmo mal colocado, sempre evoluirá mais rapidamente.**

No final das contas, deu tudo perfeitamente certo. Alguns meses depois, a Adobe lançou um novo processo de avaliação de desempenho. O formato anual seria substituído por "check-ins" informais a cada bimestre. Não haveria papelada, mas se esperava que os debates tratassem de três coisas: expectativas, feedback e planos de crescimento e desenvolvimento. Como se esperava, o novo processo foi recebido com entusiasmo. E, dois anos após o lançamento, a empresa testemunhou uma redução de 30% nos pedidos de demissão de bons funcionários, somados a um aumento de 50% nas demissões de funcionários que não estavam desempenhando bem suas funções. Uma cultura que recebe bem as novas ideias (ao ponto de perdoar um entusiasmo descabido) terá a agilidade de se transformar perpetuamente. A Adobe possui o ingrediente de uma cultura ágil, necessário para ajudá-la a se transformar constantemente em face de disrupções repetidas.[41]

Adobe: Incentivando os Funcionários a Pensar Diferente

A história de Donna Morris não é o único exemplo famoso da cultura ágil da Adobe. Desde 2013, o conjunto de ferramentas de inovação da empresa chamado "Kickbox" com frequência ganha os créditos por criar um aumento diferenciado nas receitas e lucros com base em um campo de ideias geradas pelos funcionários. Veja como funciona. A pessoa recebe uma caixa mesmo — de papelão vermelho, com todo o necessário para criar e testar uma ideia. A caixa vem com instruções, uma caneta, dois blocos Post-it, dois cadernos, uma barra de chocolate, um cartão de presente da Starbucks e um cartão de crédito pré-pago com US$1 mil. As instruções incluem um processo com seis passos, checklists e exercícios, e o passo final é a implementação pela gerência. A ideia é criar um processo aberto de inovação em que todos podem contribuir com ideias. Na verdade, o Kickbox básico agora está disponível online para qualquer pessoa baixar.

A genialidade da ideia do Kickbox não é apenas o crowdsourcing de ideias; mas o elemento de confiar e empoderar seus funcionários. A Adobe arrisca US$1 mil, além do tempo gasto pelo funcionário, com cada caixa. E, contudo, suas métricas de inovação demonstraram que o retorno vale muito a pena esse risco.

Por que a Cultura Ágil Possibilita a Transformação Digital Perpétua

Uma cultura ágil, e não a tecnologia disruptiva ou novos modelos de negócios, é a disrupção máxima. Sim, reconheço que soa meio que trivial, mas, uma vez que os próximos parágrafos demonstrarem a praticidade dessa declaração, você concordará que vale a pena correr o risco de parecer trivial.

A razão pela qual os comentários sobre a cultura tendem a ser vistos como inúteis é que ela é um resultado, e não uma ação. Nesse contexto, qualquer declaração sobre cultura provavelmente será um truísmo inútil. No entanto, com base em minhas pesquisas sobre as empresas transformacionais que fracassaram, identifiquei que a cultura ágil para a transformação digital perpétua inclui três conjuntos de atividades disciplinadas: inovação com foco no cliente, criar um ambiente adaptativo e estabelecer um propósito comum compartilhado. Elas fornecem o resultado necessário para o sucesso.

A cultura ágil nesse contexto pode ser comparada à densidade do ar para um avião. A densidade conduz diretamente a sustentação gerada. Em altitudes e temperaturas mais elevadas, os aviões precisam trabalhar mais para gerar a sustentação. Há um "teto de voo" acima do qual um avião simplesmente não ultrapassará, pois a sustentação gerada seria insuficiente para o voo. As transformações digitais perpétuas geram uma cultura ágil suficiente (densidade do ar) para voar acima dos tetos de voos tradicionais (tendências disruptivas constantes).

O lugar clássico para aprender sobre a cultura da inovação é o Vale do Silício. Não é de se surpreender que o "turismo" corporativo ao Vale proliferou. Inicialmente, durante a era pontocom, o que algumas empresas levavam dessas viagens eram os sinais externos de liberdade dos funcionários — as roupas informais e as mesas de pebolim. Com o passar do tempo, isso se maturou para a reaplicação de processos e práticas completos para a inovação e agilidade contínuas. Isso inclui lições sobre os três itens que mencionei há pouco que, combinados, definem uma cultura ágil: inovação com foco no cliente, criar um ambiente adaptativo e promover um propósito compartilhado. Para dar vida a esse conceito, gostaria de usar os três estudos de caso a seguir.

Cultura ágil para a transformação de Estágio 5 = inovação com foco no cliente + ambiente adaptativo + propósito compartilhado

---

Zappos: Como a Inovação com Foco no Cliente Contribui para Manter-se à Frente

A Zappos é amplamente conhecida por sua cultura centrada no cliente. Sua dedicação em relação ao atendimento ao consumidor é lendária. A empresa foi fundada em 1999 sob o domínio ShoeSite.com. Alguns meses depois, o nome foi mudado para Zappos (com base na palavra em espanhol para sapatos, *zapatos*) para facilitar a ampliação do alcance de seus produtos. Trabalhando na área de produtos com um grande toque pessoal, ela foi contra todas as expectativas ao atingir US$1 bilhão em vendas em 2008. A Zappos foi adquirida pela Amazon em 2009.

Zappos: Como o Foco Extremo no Cliente Pode Levar uma Organização à Agilidade

Em uma entrevista concedida à revista *Inc.* em 2006, o CEO e cofundador da Zappos, Tony Hsieh, compartilhou sua jornada fascinante que melhor articula os alicerces culturais da Zappos. Em 1999, Hsieh e seu colega Alfred Lin receberam uma ligação de um jovem empreendedor, Nick Swinmurn, que apresentava a ideia de vender sapatos online. Na época, Hsieh tinha apenas 24 anos, e havia acabado de vender sua empresa LinkExchange para a Microsoft por cerca de US$250 mil. Ele disse que estava prestes a apagar a mensagem de voz de Swinmurn, até ouvir que o mercado de varejo de sapatos era de US$40 bilhões e estava crescendo 5% por ano.

O desafio para os jovens fundadores era vencer no mercado online com um produto que era essencialmente baseado na experiência física. Eles decidiram que a resposta seria entregar o serviço "absolutamente melhor". Hsieh recorda que concordaram com uma visão extraordinária: "Somos uma empresa de serviços que por acaso vende sapatos."

O Cliente é o Chefe

Dessa visão, derivaram as inovações com foco no cliente que, por vezes, foram arriscadas. Para entregar sua visão de serviço, precisariam controlar toda a experiência do cliente. Isso significava deixar de lado o modelo em que os fabricantes enviavam o produto diretamente para o cliente, passando a enviá-lo de um depósito da Zappos — uma decisão que seria relutante para a maioria dos consultores de eficiência de cadeia de suprimentos. Seu depósito funcionava 24 horas por dia e 7 dias por semana para chegar ao cliente o mais rápido possível. Entregar o melhor serviço significava ocasionalmente comprar sapatos de concorrentes, se fosse disso que o cliente precisasse. Significava frete grátis, assim como uma política de devolução que não fazia qualquer questionamento, durante os 365 dias do ano. Hsieh preferiu investir dinheiro na melhoria do serviço ao consumidor em vez de em propagandas, apostando no ganho do boca a boca em longo prazo de fãs da empresa.

O Incrível Foco no Cliente da Zappos

Os representantes da Zappos vão além, consistentemente. Uma das histórias é de uma pessoa enlutada que planejava devolver seus sapatos, mas sua mãe havia falecido recentemente e ela não estava com tempo. Quando a Zappos enviou um e-mail para verificar o status do retorno, a pessoa contou o que acontecera. Sem custo adicional, a empresa não apenas enviou alguém para buscar os sapatos como, também, um grande arranjo de flores.

A Zappos foi a pioneira e aperfeiçoou a arte de transformar o foco personalizado no cliente em um modelo de negócios vitorioso durante os primeiros anos das compras online, quando os canais de distribuição online lutavam para ser lucrativos. Seu foco fanático no cliente é mais bem exemplificado por seu serviço de atendimento diferenciado ao cliente. Os agentes não têm limites de tempo gasto por ligação. Em um caso gravado em dezembro de 2012, um representante do serviço ao consumidor da Zappos passou colossais 10h29 com um cliente. O mais notável, no entanto, é que a ligação não era sobre um pedido nem mesmo uma reclamação — era sobre morar na área de Las Vegas! Em outro exemplo, a Zappos conquistou um cliente para sempre quando o homem que seria padrinho em um casamento teve seu pedido trocado pelo entregador. A Zappos não apenas entregou o pedido na mesma noite e sem custos, mas também o passou para a categoria VIP e concedeu o reembolso total.

Esses exemplos não são apenas histórias; são o resultado de uma estratégia deliberada. A Zappos se empenha para recrutar as pessoas certas, contratá-las quase sempre no nível mais básico e desenvolvê-las para que sejam líderes seniores dentro de cinco a sete anos. Nos centros de atendimento ao consumidor, cada novo contratado recebe sete semanas de treinamento antes de atender pelo telefone. A empresa foi deliberada quanto a neutralizar a desvantagem de não poder sentir o sapato fisicamente na compra online por meio de um modelo de negócios que foi incrivelmente centralizado no cliente.

Há uma última história que vale a pena ser compartilhada. Tony Hsieh a reconta frequentemente. Após uma noite passeando por bares com clientes, eles voltaram ao quarto do hotel onde um cliente mencionou, por acaso, que seria uma boa ideia pedir uma pizza. O serviço de quarto do hotel já estava fechado. Hsieh sugeriu que ligassem para o atendimento ao consumidor da Zappos. No início, o representante que atendeu ficou surpreso, mas retornou rapidamente com os nomes de três pizzarias da região que estavam abertas naquela hora e ajudou com o pedido para a entrega da pizza.[42]

Uma cultura que coloca o cliente em primeiro lugar sempre será mais receptiva para aceitar as mudanças necessárias para manter o serviço ao consumidor.

A melhor aposta para manter um empreendimento em sincronia com as disrupções do mercado é promover um foco no cliente, sólido como uma rocha. Deixe-me esclarecer, não precisa ser a base de todo o modelo de negócios, como a Zappos.[43] Eles escolheram a orientação incondicional ao cliente inicialmente para superar as desvantagens de não oferecerem uma experiência na loja física. O que a Zappos descobriu nessa jornada foi que uma cultura que coloca o cliente em primeiro lugar sempre será mais receptiva para aceitar as mudanças necessárias para manter o serviço ao consumidor.

O próximo estudo de caso se concentra em como um ambiente adaptativo, ou a falta dele, pode afetar a inovação.

Cultura Adaptativa: Por que os Esforços Iniciais do *New York Times* com a Transformação Digital Engasgaram

Em maio de 2014, um relatório interno sobre inovação digital no respeitável jornal *New York Times* vazou. Ele expunha as dificuldades para adotar novas maneiras de trabalhar conduzidas pela publicação digital, entre outros problemas. Os grupos digitais relatavam suas frustrações com as deficiências em pessoas, processos e sistemas necessários para o próprio futuro da organização — os problemas evidenciados por uma cultura que priorizava o jornal impresso e que conflitavam diretamente com a era digital.

Por exemplo, muitas das atividades diárias de reportagem e edição eram orientadas à finalização da primeira página, chamada de A1,[44] começando com uma reunião às 10h, passando pelo prazo final para os repórteres enviarem os resumos no início da tarde, até a decisão sobre quais artigos sairiam na primeira página. Todas essas atividades eram mais adequadas ao ritmo de um jornal diário tradicional, e não de notícias online em tempo real. O relatório também destacava a necessidade de novos sistemas que eram cruciais para um futuro que tinha o online como prioridade. O *Times* estava atrasado com a criação de tags e estruturação. Por exemplo, o jornal levou sete anos para criar a tag "11 de Setembro". O recurso para que seus leitores online "seguissem" determinado tópico também era abaixo da média. Essas coisas eram sistemas que não importavam muito em um mundo que priorizava o jornal impresso, porém cruciais em um mundo que priorizava o digital.

Outro problema destacado era a habilidade de compreender melhor as necessidades dos leitores no mundo digital.[45] Os leitores consideravam que recursos como gráficos e interatividade eram importantes; a organização com foco na impressão física não dava muito valor a isso. Um último exemplo: uma abordagem que prioriza o digital precisava atrair os leitores à reportagem por meio de uma seção de comentários. No entanto, o *Times* não tinha esses recursos.

Mais ações eram exigidas para os processos e funções das equipes que priorizavam o digital. Por exemplo, muitos na redação tinham a impressão de que a equipe de mídia social existia para promover seu trabalho, enquanto, na realidade, a equipe foi originalmente idealizada sobretudo como um organismo de captação de informações.

De modo geral, os sistemas, processos e pessoas do *Times* pareciam estar lutando involuntariamente com a própria mudança que poderia garantir sua sobrevivência em longo prazo. Em termos de emoções e razão, a parte "razão" do Times compreendeu a necessidade de mudar, mas a "emoção" teve dificuldades de se adaptar à mudança. O *New York Times* acabou desenvolvendo todos esses recursos e muito mais, mas outros no setor, incluindo o *Washington Post*, conseguiram superá-los no processo.

Há outra questão que vale a pena ser mencionada com base no exemplo da cultura de transformação do *New York Times*. O desenvolvimento de uma cultura transformativa precisa começar logo no início da transformação. Será tarde demais desenvolvê-la do zero após a transformação de Estágio 4 porque as sementes da cultura para "permanecer à frente" fazem parte das decisões tomadas na área da disciplina de suficiência (Capítulo 8) — especialmente em estruturas de intraempreendedorismo.

Nosso exemplo final de uma cultura que possibilita a transformação perpétua vem de alguém que tem sido um dos inovadores disruptivos mais prolíficos da atualidade — Elon Musk. Em particular, a empresa SpaceX é um estudo fascinante, pois ilustra o poder de um propósito em comum.

SpaceX: Como um Propósito Comum Compartilhado Pode Conduzir uma Cultura Ágil

O fundador da SpaceX, Elon Musk, causou muito espanto em março de 2018[46] quando expôs que a empresa não tinha um modelo de negócios quando a iniciou. Nem seu empreendimento seguinte, a Boring Company. De fato, Musk descrevera o início da SpaceX e da Tesla, as duas empresas pelas quais ele é mais conhecido por fundar, como possivelmente "as coisas mais burras a se fazer" em termos de novos empreendimentos.[47]

A história da SpaceX, como todos os empreendimentos de Musk, é a história da visão, paixão e riscos tomados que prevalecem sobre a sabedoria convencional. A empresa enfrentou muitos fracassos públicos. Em 2006, o primeiro lançamento da SpaceX fracassou 33 segundos após a decolagem. Seu próximo lançamento no ano seguinte fracassou quando o foguete não alcançou a órbita. Um ano depois, a primeira carga útil que a SpaceX transportava para a NASA acabou no mar e quase destruiu a empresa. Um lançamento em 2015 destruiu outras duas cargas úteis da NASA que estavam destinadas à Estação Espacial Internacional e, em 2016, um foguete explodiu durante o reabastecimento.[48] Todos esses fracassos são uma característica do estilo de Musk, que prioriza a paixão em decorrência do pragmatismo.

Compreensivelmente, a SpaceX teve que articular seus planos com frequência. A falta de um modelo de negócios maior pode de fato ter sido um ponto de ajuda nessas situações. Como a empresa prospera frente a esse caos orquestrado?

Examinar as características dos funcionários contratados pela SpaceX nos oferece insight sobre a cultura altamente ágil da empresa. A principal das quatro qualidades buscadas por eles é uma vontade de exploração. A empresa é muito clara quanto a sua missão — eles existem para ajudar a humanidade a realizar o objetivo de colonizar outros planetas. (As outras qualidades são paixão, ímpeto e talento.)

A SpaceX é um exemplo fabuloso de como um propósito comum pode conduzir as organizações a uma agilidade para perseverarem perante todas as dificuldades.

A Disciplina de Criar uma Cultura Ágil e se Manter à Frente

Os exemplos da Zappos, do *New York Times* e da SpaceX fornecem insights sobre o que cria uma cultura que ofereça a transformação perpétua. O empreendimento que facilita ao máximo a mudança interna tem as melhores chances de evoluir constantemente. E essa evolução constante em uma estrutura central digital do empreendimento impede que ele seja uma maravilha digital que ocorre uma única vez.

Não é coincidência que as melhores empresas do Vale do Silício compartilhem essas três características. Os NGS da Procter & Gamble foram modelados assim. Na parte III deste livro, veremos como essa e outras disciplinas se agruparam para entregar as grandes vitórias para os NGS.

Resumo do Capítulo

- A cultura consome a estratégia no café da manhã (e, aparentemente, no almoço também, conforme outra fonte). Independentemente do que consuma, o fato é que, para que uma organização faça a digestão da transformação digital, há três comportamentos específicos que possibilitarão uma cultura ágil necessária para criar um DNA vivo de transformação digital perpétua: a inovação com foco no cliente, um ambiente adaptativo e um propósito comum compartilhado.

- O desenvolvimento de uma cultura ágil deve começar logo no início do processo de transformação digital. Será tarde demais começar após o Estágio 4, embora deva estar completado antes do Estágio 5.

- As lições de empresas bem-sucedidas do Vale do Silício, como a Zappos, provaram como a cultura desempenha um papel enormemente desproporcional ao fomentar a transformação por meio da inovação com foco no cliente.

- O relatório interno de 2014 do *New York Times* que foi vazado, contendo os desafios do jornal com a transformação digital, demonstra que não possuir uma cultura adaptativa pode reduzir significativamente o impulso da organização e criar resistência à transformação digital.

- A incrível história da SpaceX e como ela continua a quebrar paradigmas em sua tentativa de levar os humanos a outros planetas é um caso claro de agilidade conduzida por um propósito.

Sua Checklist de Disciplinas

Avalie sua transformação digital com as perguntas apresentadas na Figura 24, de modo a seguir uma abordagem disciplinada para cada passo na Transformação Digital 5.0.

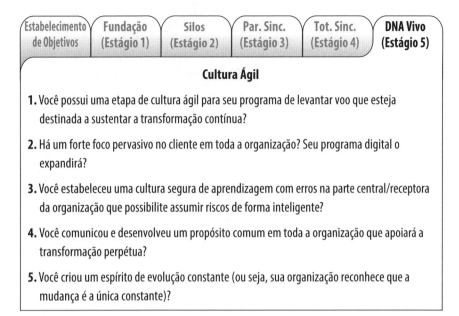

Figura 24 Sua checklist de disciplinas para a cultura ágil

Capítulo 12

Percebendo o Risco

Na década anterior à criação dos NGS sob minha liderança, os GBS da Procter & Gamble haviam conduzido religiosamente ciclos constantes de mudança entre 2002 e 2015. O projeto da organização era ajustado de maneira proativa a cada 24 meses. Com o passar do tempo, o modelo inicial de economia de custos por meio de centros de serviços no exterior evoluíram para um modelo praticamente terceirizado. Na sequência, evolui-se para um modelo totalmente voltado ao valor para fornecer serviços de crescimento à empresa, além de redução nos custos. A evolução seguinte entregou melhorias adicionais à excelência e velocidade operacional de entrega de grandes ideias. A evolução dos NGS à quarta geração de serviços compartilhados foi a mais recente em sua jornada.

Embora os GBS da P&G tenham tido o privilégio de se transformarem proativamente, a maioria dos exemplos deste livro, começando com o de John Stephenson, não tiveram. Um dos motivos pelos quais as transformações digitais acabaram sendo "maravilhas que ocorrem uma única vez" de Estágio 4 é que elas não reconhecem o risco de compreensão a tempo de se transformarem em seus próprios termos. Como resultado, os empreendimentos viram vítimas da síndrome da rã fervida (quer dizer, as rãs saltam para fora quando são colocadas diretamente na água quente, mas acabam sendo fervidas à morte quando colocadas na água fria que é aquecida lentamente).

A boa notícia na Quarta Revolução Industrial é que há sinais de avisos iniciais de alta qualidade disponíveis. O que falta é a nova disciplina para lê-los continuamente.

E se houvesse sistemas de aviso inicial com uma qualidade mais alta disponíveis para a disrupção em potencial? Ou, ainda melhor, e se eles já estivessem disponíveis e a única ação necessária fosse ser disciplinado quanto à sua leitura? Essa é a boa notícia na Quarta Revolução Industrial. Há sinais de avisos iniciais de alta qualidade disponíveis. O que falta é a nova disciplina para lê-los continuamente.

A Disciplina de Medir e Agir Frente aos Riscos de Disrupção

O fenômeno da necessidade de reinvenção de uma empresa não é novo. É a frequência acelerada para reinventar que está diferente. A maioria dos empreendimentos, sejam públicos, sejam privados, sejam sem fins lucrativos, já possui um processo de planejamento estratégico. O plano estratégico tem o propósito de captar os riscos, entre outras coisas. Os líderes proativos percebem o risco da disrupção digital de forma intuitiva, como as rãs, sobretudo as talentosas, que em uma panela sendo aquecida lentamente começam a pensar, "hmmm, está ficando quente aqui" (para usar uma analogia bem ruim). Acrescentar uma métrica de disrupção digital ao plano estratégico evitaria a necessidade de agir com base apenas na intuição.

Acrescentar uma métrica de disrupção digital ao plano estratégico evitaria a necessidade de agir com base apenas na intuição.

Denomino essa métrica de "índice de disrupção digital". É um número composto sobre uma escala de cinco pontos que é a média de quatro índices individuais, mais bem visualizados em um gráfico de radar (veja a Figura 25). Os sinais de aviso podem vir das seguintes áreas de risco:

- Tendências de seu setor
- Informações de seus clientes
- Tendências de seu modelo de negócio
- Feedback do desempenho de seu negócio digital e da organização digital.

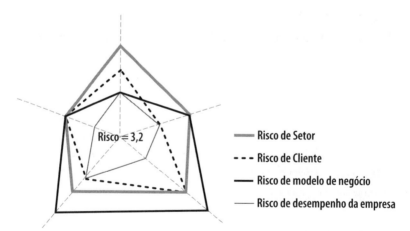

Figura 25 Índice de disrupção digital

O índice de disrupção digital pode ser usado para visualizar esses quatro elementos de risco para oferecer uma medida mais abrangente dos níveis de ameaça. Quanto maior for a área de cada uma das quatro formas, maior será o risco. Assim, na Figura 25, a área do Risco de Desempenho da Empresa é relativamente pequena, mas o risco dos outros dois fatores — Setor e Modelo de Negócio — precisa de atenção. Avaliar periodicamente os detalhes desses riscos contribui para evitar a "síndrome da rã fervida" da disrupção.

A Identificação Intuitiva de Riscos dos GBS da P&G

Em 2015, quando o presidente dos GBS, Julio Nemeth, ficou convencido de que o modelo atual precisava sofrer disrupção, sua base foi inteiramente a intuição. No entanto, quando analisamos os GBS sob a luz das quatro áreas de risco mencionadas há pouco, fica claro que houve sinais de que o modelo atual dos GBS da P&G se enfraqueceria com o tempo.

- *Tendências setoriais*: O setor de terceirização de processos de negócios (BPO — Business Process Outsourcing), um grande fornecedor de serviços compartilhados, já mostrava sinais de turbulência. Embora a indústria global continuasse crescendo, os provedores de serviços globais como a IBM e a HP estavam adentrando tempos desafiadores. Apesar do crescimento dos provedores de BPO na Índia, suas margens haviam caído após o boom inicial da recessão pós-2008. Em paralelo, o mercado de investidores de risco e startups também estava evoluindo. A atividade de soluções de TI para empreendimentos feita por startups estava crescendo, sinalizando a disponibilidade de novas gerações de recursos de GBS.

- *Informações de clientes*: O boom de eletrônicos de consumo havia resultado em expectativas mais altas quanto à experiência do usuário. Além disso, a percepção crescente da urgência da disrupção digital entre os líderes das unidades de negócios significava que muito mais inovação era esperada.

- *Tendências de modelo de negócios*: A crescente necessidade de aplicar recursos digitais no âmbito de produto do negócio da P&G (e-commerce, propaganda digital, cadeia de suprimentos digital etc.) significava que as unidades de negócio estavam mais uma vez trabalhando diretamente com diversos fornecedores de TI. O modelo anterior da organização de TI/GBS da P&G como funil para todos os recursos digitais não seria mais suficiente.

- *Resultados do desempenho da empresa*: Embora os GBS continuassem, de bom grado, a ultrapassar os objetivos financeiros e de serviços, estava começando uma tendência por haver um crescimento nas economias por meio de cortes em trabalhos de projeto.

A decisão de Julio para proativamente causar disrupção nos GBS, embora com base em uma hipótese intuitiva, pode ser codificada para a identificação contínua de riscos a partir desses quatro sinais. Vamos examinar cada um em mais detalhes.

Sinais de Aviso das Tendências do Seu Setor

O fato de que nenhum setor está a salvo da disrupção digital é amplamente compreendido agora. Embora os exemplos iniciais de disrupção digital possam vir da mídia, das finanças, entretenimento, varejo, serviços de tecnologia e produção, ninguém está imune. A questão mais relevante é quais processos específicos dentro de um setor estão sofrendo disrupção, e quando. Há diversos sinais para essas disrupções específicas que já estão disponíveis a partir de dados setoriais, incluindo:

- Potencial de digitalização de processos centrais

- Volume de startups nativas digitais

- Número de startups disruptoras bem-sucedidas

- Crescimento e lucratividade do setor como um todo

- Disrupção setorial adjacente

- Tendências de negócios com investimentos de risco.

A maioria desses indicadores pode ser facilmente encontrada, mas a fonte mais nova de informações que quero destacar se refere aos dados de investidores de capital de risco (veja o box a seguir).

Foque os Relacionamentos com os Investidores de Capital de Risco e Seus Dados na Era Digital

Os investidores de capital de risco (VC — Venture Capitalist) deveriam ser os melhores amigos dos líderes transformadores. É uma relação altamente simbiótica. Os VCs precisam de feedback para suas startups, e os empreendimentos precisam de novas ideias. A maioria dos VCs personalizou programas de aproximação aos empreendimentos, incluindo serviços como a realização de sessões de "speed dating" com startups. Os VCs adoram líderes transformadores de empreendimentos!

A maioria dos relacionamentos entre empreendimentos e VCs deixa a desejar, pois o foco está apenas em seus produtos ou serviços principais atuais. Isso não é o suficiente para ver outros tipos de disrupções possíveis, ou seja, disrupções nos modelos de negócios, assim como na eficiência operacional. Por exemplo, modelos e-commerce de serviços de assinatura em saúde, beleza e produtos de cuidado pessoal mudaram a própria natureza do setor. Cultivar relações com VCs para monitorar apenas a concorrência de produtos faria com que essa ameaça passasse totalmente despercebida.

O antídoto é simples: aproveitar os VCs para uma exploração mais ampla, assim como conectá-los mais profundamente em sua organização, onde há uma avaliação mais completa de oportunidades e ameaças em potencial. Como mencionado em capítulos anteriores, as possibilidades transformadoras podem vir de produtos, modelos de negócios ou de recursos operacionais disruptivos. As relações com os VCs devem ser holísticas, cobrindo as três áreas. Então, digamos que esteja no setor de energéticos, espera-se que você esteja monitorando as ameaças em áreas de não produto também (como tendências operacionais disruptivas). Por exemplo, o talento de marketing social da Red Bull está afetando significativamente o setor de energéticos. Seu sucesso tem ocorrido tanto por seu conteúdo invejável de marketing como por seu produto. Seja patrocinando Felix Baumgartner saltar da estratosfera ou usar vídeos do YouTube com esportes radicais para se conectar a seus 3 milhões de assinantes, o modelo de negócio da Red Bull agora recorre substancialmente a seu marketing, e não apenas a seu produto.

Os dados de VCs estão ficando cada vez mais disponíveis comercialmente. Fontes como Crunchbase, que possui muitas informações gratuitas, de tendências de investimentos de VCs a detalhes de startups, são um ótimo ponto de partida. Outras fontes como CB Insights e Signals Analytics oferecem análises mais customizadas sobre quem pode estar causando disrupção em seu empreendimento.

Sinais de Aviso de Seus Clientes

Há uma vertente comum presente em várias das disruptoras conhecidas — Craigslist, Netflix, Hulu, Amazon, Alibaba, Uber e outras. Todas identificaram uma oportunidade para melhorar a experiência do cliente. Há uma nova lei da experiência do cliente (CX — customer experience) quanto à disrupção digital que está sendo muito comentada: qualquer experiência do cliente que envolva pontos de fricção que podem ser melhorados por meio da digitalização será melhorada.

Porém, as letrinhas miúdas da nota de rodapé dizem o seguinte: o que conduz a mudança não é necessariamente se o serviço anterior foi muito ruim ou caro; é quanto pode ser melhorado. A experiência de anúncios nos classificados do jornal não foi terrível, especificamente. Apenas que os classificados online e gratuitos sempre serão melhores. Isso levou a Craigslist e outros estabelecimentos de classificados online a dizimar os classificados impressos.

O que conduz a mudança não é necessariamente se o serviço anterior foi muito ruim ou caro; é quanto pode ser melhorado.

Há uma diferença enorme entre medir os escores de satisfação do cliente e a experiência do cliente. Um bom escore de satisfação de cliente ou do desempenho de um produto não é garantia de uma lealdade eterna do consumidor. Um foco resoluto na eliminação de pontos de fricção do cliente é uma aposta melhor.

Há tempos os clientes têm sido as fontes mais confiáveis de sinais iniciais de aviso. Porém, além das informações de participação de mercado ou dos escores de satisfação do cliente, há uma nova leva de métricas que avaliam a experiência do cliente que são indicadores mais confiáveis de possíveis disrupções digitais. Métricas como influência social do cliente e engajamento do cliente, especialmente quando são monitoradas também em setores adjacentes, são um bom indicador de disrupção em potencial, assim como o grau ao qual a CX poderia lhe causar disrupção. O escore de esforço do cliente (CES) — quanto esforço é necessário para realizar uma tarefa — é outro bom indicador, especialmente quando comparado com alternativas digitais. Um escore alto de CES informa que talvez você esteja exposto a uma disrupção conduzida a partir da CX.

Portanto, as métricas que devem ser incluídas ao índice de risco digital de experiência do cliente são:

- Potencial de digitalização da experiência do cliente

- Pontos de fricção no serviço ao cliente

- Influência social do cliente, engajamento do cliente

- Escore de esforço do cliente.

Sinais de Aviso de Seu Modelo de Negócio

Os líderes já sabem quais ameaças de modelo de negócios poderiam complicar suas organizações. As histórias de empresas que estão sendo "Uberizadas" de um dia para outro podem ser uma boa leitura, mas, na realidade, não sobrevivem a um escrutínio mais severo. A questão para a maioria das organizações não é a percepção da ameaça ao seu plano de negócio atual; é subestimar a proximidade da ameaça.

O fato é que qualquer tentativa feita por um concorrente ligeiro para melhor atender as necessidades de seus clientes — geralmente por meio de um caminho alternativo ao mercado ou método de criação de valor — pode acabar causando disrupção ao seu modelo de negócio. A única questão é quando.

Mensurar as tendências nos modelos alternativos de negócio por meio das opções a seguir oferece uma boa indicação do grau de iminência das mudanças ao plano de negócio:

- Evolução do canal

- Alterações na proposição de valor

- Mudanças de atividades essenciais para a execução de negócios entre as startups

- Mudanças em recursos essenciais usados para o negócio

- Alterações nas parcerias possíveis.

Sinais de Aviso a Partir do Desempenho da Empresa Digital e do Feedback da Organização Digital

Essas métricas refletem os níveis de investimento digital e os resultados em seus produtos, processos e pessoas. Um estudo importante de 2015 feito pelo Instituto da IBM para o Valor da Empresa, chamado "Redefining Boundaries — Insights from the Global C-suite Study"[49] coletou e analisou dados de mais de 28 mil entrevistas com executivos do corpo da diretoria. Eles identificaram os "carregadores da tocha" [Torchbearers], os aproximadamente 5% dos participantes com fortes reputações de inovadores que se sobressaíram aos colegas quanto ao crescimento da receita e da lucratividade. Com base na análise deles, os carregadores da tocha investiram entre 24% e 40% a mais do que os seguidores do mercado em tecnologias emergentes consideradas como "grandes apostas". Os carregadores da tocha também prestaram 22% a mais de atenção ao feedback dos clientes do que os seguidores do mercado, sendo que a maioria prestou 22% a menos de atenção nos concorrentes diretos.

Além de mensurar os níveis de investimentos em tecnologias emergentes, também é preciso examinar onde seus principais investimentos em tecnologia estão alocados. Se a maioria desses investimentos (em orçamentos tanto em TI como em não TI) estão sendo direcionados para a melhoria do faturamento, talvez isso seja um problema. Os empreendimentos não precisam necessariamente ter proporção exata do Google de 70-20-10 entre custos operacionais, de melhoria contínua e de inovação disruptiva. Mas, se o empreendimento não conseguir reinvestir uma porção significativa das economias de produtividade no serviço ao cliente, no crescimento da empresa e na criação de novos modelos, então estará correndo o risco de descer ladeira abaixo rumo à disrupção digital.

Aqui, as métricas de investimento digital devem incluir o seguinte:

- Níveis de investimento em tecnologia emergente
- Investimentos em mão de obra digital
- Porcentagem da empresa que seja baseada no digital
- Quantia de investimento digital que seja essencialmente focada no cliente
- Quanto dos investimentos digitais são continuamente sustentáveis.

Quanto ao último ponto sobre investimentos digitais sustentáveis, talvez haja uma necessidade de "economizar para reinvestir", ou seja, gerar mais economias (incluindo outras áreas de TI) para liberar o dinheiro.

Por que os Sinais de Aviso São Ignorados?

Como mencionado anteriormente, os líderes já têm uma percepção dos perigos da disrupção digital de suas organizações. A pergunta mais importante é: qual o grau de reação deles perante o fato? E, caso não seja suficiente, por quê? A resposta tende a ser sociológica — medo, inércia e erro de avaliação.

Medo

Preocupações com a canibalização do produto, o alto custo da mudança e o risco das operações tendem a ser endêmicos à cultura prevalecente e, para ser justo, podem surgir da natureza do setor e de seus modelos de negócio (especialmente em setores que sofrem altos escrutínios, como defesa, finanças, saúde etc.). A resposta é não começar a assumir riscos de forma imprudente, mas ter uma abordagem disciplinada para equilibrar as expectativas de governança e a inovação disruptiva. As startups disruptivas não ficaram de fora desses setores, o que deixa a entender que a disrupção disciplinada é possível. O risco real é deixar que essas preocupações se tornem obstáculos para a mudança, como está ilustrado pelos estudos de caso da Bausch & Lomb e Research In Motion no box a seguir.

Como o Medo da Mudança Pode Sair Caro

Um respeito saudável pela complexidade da mudança é bom, mas o medo da mudança, não. Veja dois exemplos de situações em que evitar a mudança acabou saindo pela culatra.

- *Medo de canibalizar produtos existentes:* Leonardo da Vinci é considerado a primeira pessoa a sugerir a ideia de lentes de contato em seu escrito *Codex of the eye, Manual D*, de 1508. Mas somente no final dos anos 1800 os cientistas conseguiram fazer lentes de contato de vidro e, depois, de plástico. No entanto, o principal problema dessas lentes duras era que não permitiam a penetração do oxigênio na córnea e na conjuntiva, causando sérios problemas oculares. Foi por esse motivo que a invenção das lentes de contato macias foi uma grande inovação. A Bausch & Lomb conseguiu a licença para produzir as lentes de contato macias por volta de 1965 e se deparou com um dilema: se impulsionassem muito as lentes de contato macias, haveria o risco de canibalizar seu lucrativo colírio para lentes duras. Apenas quando a Johnson & Johnson entrou nesse espaço a inevitabilidade das lentes macias foi percebida. As lentes duras e seus colírios estavam condenados, e a Bausch & Lomb teve que correr muito para conseguir acompanhar.

- *Medo do custo da mudança:* No início dos anos 2000, a Research In Motion (RIM) dominava o mundo com seus smartphones com múltiplos recursos. A RIM oferecia recursos inéditos e confiáveis a seus clientes, combinando desempenho excepcional e segurança baseados em seu sistema operacional (OS) e hardware patenteados. Então, apareceu o iPhone em 2007. A RIM e todas as concorrentes existentes — Nokia, Microsoft e Palm — se viram perante escolhas difíceis sobre projetos de OS e recursos de touchscreen. Diferentemente da RIM, a maioria das concorrentes não foi tão inflexível em seus investimentos de OS e conseguiu se articular. A RIM também se deparou com um dilema estratégico

> sobre usar suas forças históricas de segurança e de uma adorável interface de teclado ou seguir com a maioria quanto à nova experiência do usuário. A empresa teve um custo muito maior para mudar seu OS e foi lenta para seguir na mesma direção que seus usuários ditavam. Consequentemente, as vendas chegaram a um pico em 2010 e passaram a cair drasticamente depois disso.

Inércia

Diferentemente do fator sociológico do medo das mudanças, impulsionado por um desejo de ser cuidadoso quanto aos efeitos da modificação, a inércia não possui qualidades que a justifiquem, especialmente na era digital. As causas-raiz da complacência e da falta endêmica de urgência terão consequências significativas, mais cedo ou mais tarde. A obra revolucionária de Clayton Christensen, *O Dilema da Inovação* (veja o box a seguir), ajuda a explicar alguns dos fatores por trás da inércia, não apenas em algumas organizações, mas também em setores inteiros. No entanto, a intenção aqui é explicar, e não justificar, a inércia, e aumentar a percepção dessa ameaça na era digital.

A Inércia para Substituir Antigos Modelos de Negócio no Setor Energético

O livro de Clayton Christensen lançado em 1997, *O Dilema da Inovação*, fez muito no sentido de ajudar os líderes a compreenderem como as estratégias que tornaram as organizações extremamente bem-sucedidas poderiam abrigar as sementes de uma disrupção futura. A Quarta Revolução Industrial tornou essa dinâmica ainda mais urgente. Os setores que estão enfrentado a disrupção em longo e médio prazos, como o energético, estão observando como alguns participantes do setor reagem de forma muito diferente para causar a disrupção de seus próprios modelos de negócio. Algumas das empresas mais bem administradas estão fazendo altas apostas na energia alternativa.

É bom ver isso, pois, durante décadas, as grandes empresas de energia investiam pesadamente em influência política e de consumidores, incluindo a negação da mudança climática, comprovada pela ciência, para sustentar seu modelo de negócios baseado no petróleo. Isso está mudando drasticamente. A geração de energia eólica terrestre já é a fonte mais barata de energia em alguns lugares. Na Índia, a energia solar com um custo de US$0,65 por watt (aproximadamente metade do custo nos EUA) já está mais barata que o carvão. Como no caso de outras tecnologias disruptivas, como os celulares, o desenvolvimento de mercados está aproveitando a oportunidade para dar um grande salto tecnológico. Além disso, na África Subsaariana, empresas como a M-KOPA no Quênia estão criando modelos de negócios totalmente novos. Eles são desenvolvidos com base na habilidade de eliminar o uso de redes energéticas caras ao gerar energia solar no local.

A habilidade de continuar indo na contramão de antigos modelos e práticas de negócio determinarão quais empresas se tornarão as gigantes do futuro.

Erro de Avaliação

Mesmo as pessoas mais inteligentes cometerão erros gigantescos ocasionais ao enfrentar o futuro. Considere a previsão convicta feita em 2007 por Steve Ballmer, CEO da Microsoft: "De jeito nenhum o iPhone conseguirá qualquer participação significativa de mercado." Ele não foi a única pessoa inteligente a avaliar mal uma tendência. O box na sequência apresenta diversos outros exemplos interessantes.

A questão do erro de avaliação está geralmente relacionada com o fato de que a mente humana acha mais fácil compreender incrementos lineares (como 1, 2, 3, 4, 5...) do que incrementos exponenciais (1, 2, 4, 8, 16, 32...). O exemplo clássico é o da Kodak, que inventou a primeira câmera digital em 1975, mas escolheu não impulsionar a fotografia digital na época.[50] Em vez disso, a Sony apresentou a primeira câmera eletrônica em 1981. A pesquisa de mercado da Kodak na época estimou que tinham pelo menos dez anos antes de que o impacto digital se tornasse significativo. Embora isso estivesse correto, eles deixaram passar o crescimento exponencial da tecnologia digital após o impacto. Acompanhar o ritmo exponencial após uma década era quase impossível. Observar as tendências exponenciais é algo crucial.

Pessoas Inteligentes que Fizeram Previsões Erradas

"A televisão não vai conseguir segurar qualquer mercado que conquistar após os primeiros seis meses. As pessoas rapidamente ficarão cansadas de olhar para uma caixa de madeira todas as noites."

—Darryl Zanuck, executivo da 20th Century Fox, 1946

"O cavalo está aqui para ficar, mas o automóvel é apenas uma novidade — uma modinha."

— Presidente do Michigan Savings Bank aconselhando o advogado de Henry Ford, Horace Rackham, a não investir na Ford Motor Company, 1903

"Os norte-americanos têm necessidade do telefone, mas nós, não. Temos muitos garotos mensageiros."

— Sir William Preece, Engenheiro-Chefe, Correio Britânico, 1876

"Acho que há um mercado mundial para, talvez, cinco computadores."

—Thomas Watson, presidente da IBM, 1943

"Não há qualquer motivo pelo qual alguém iria querer um computador em casa."

— Ken Olsen, fundador Digital Equipment Corporation, 1977

Foram pessoas brilhantes que erraram em sua avaliação seja de percepção do momento, da disrupção ou da força de suas contramedidas.

A Disciplina para Enfrentar o Medo, a Inércia e o Erro de Avaliação

Empreendimentos que planejam sustentar sua superioridade após a transformação digital podem enfrentar esses riscos sistematicamente com uma leve alteração em seu exercício de planejamento estratégico anual. Apresentei a métrica do índice de disrupção digital anteriormente neste capítulo. Ela deve ser incorporada ao planejamento estratégico anual. Especificamente, a avaliação de inteligência competitiva dentro do exercício de estratégia deve incluir uma análise minuciosa do índice de disrupção digital, assim como os planos para enfrentar as ameaças de forma adequada.

Avaliar o escore absoluto do índice de disrupção digital e suas tendências fornece a disciplina sobre o grau de urgência com que reagir.

Resumo do Capítulo

- É um desafio separar os exageros midiáticos sobre a disrupção digital da realidade. Quando, onde e quanto reagir às ameaças disruptivas é um dilema. Aja de modo ineficaz e estará arriscando seus recursos e sofrendo a disrupção da mesma forma.

- O índice de disrupção digital apresenta uma métrica disciplinada para perceber e enfrentar o risco da disrupção digital de forma contínua. Ele inclui mensurações em quatro áreas:

  - *Tendências setoriais:* Além das métricas comuns, procure tendências em investimentos de capitalistas de risco também. Outra coisa, invista em fontes de dados que são usados por esses investidores de risco para ajudá-lo a se concentrar nas disrupções certas.

  - *Clientes*: Os clientes do seu empreendimento e dos setores adjacentes oferecerão os melhores dados. Métricas mais novas, como a experiência do cliente e o escore de esforço do cliente, indicam possibilidades de disrupção no modelo de negócios.

  - *Modelo de negócio:* Avaliar partes do modelo de negócio atual, como a evolução de canais, parceiros e sistemas de atividade pode fornecer insights de utilidade sobre as ameaças.

  - *Negócio e organização digital:* Compreender o estado dos investimentos em negócios digitais e na alfabetização digital ajuda a prover uma percepção do risco da falta de reação à disrupção digital.

- Questões sociológicas como medo, inércia e erro de avaliação explicam por que a ação contra os riscos digitais é geralmente insuficiente. A disciplina de adicionar a métrica de índice de disrupção digital ao exercício de planejamento estratégico anual pode ajudar.

Sua Checklist de Disciplinas

Avalie sua transformação digital com as perguntas apresentadas na Figura 26, de modo a seguir uma abordagem disciplinada para cada passo na Transformação Digital 5.0.

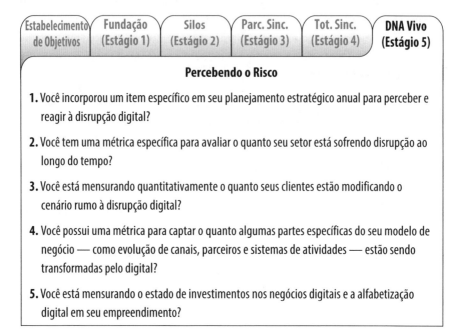

Figura 26 Sua checklist de disciplinas para perceber o risco

Parte III

Vencendo com a Transformação Digital

Capítulo 13

A Transformação dos NGS da P&G

Os últimos dois capítulos do livro têm como base minha convicção de que, em termos de prosperidade na Quarta Revolução Industrial, a sorte favorece a mente disciplinada e preparada. A revolução digital é literalmente a oportunidade da vida. Depende de nós aproveitá-la e ser disciplinados o suficiente para termos sucesso. Para ilustrar como se unem todas as disciplinas surpreendentes para levantar voo e se manter à frente, mostro como várias peças do quebra-cabeça das disciplinas foram montadas nos Serviços de Nova Geração (NGS — Next Generation Services) da P&G.

A P&G em Busca da Transformação de Seus Serviços de Unidades Globais (GBS)

O Projeto Genoma Humano custou US$2,5 bilhões em 2003 para sequenciar o primeiro genoma. Os preços caíram exponencialmente a ponto de eu receber e-mails spam com ofertas de US$100 para sequenciar meu genoma. Quando foi a última vez que o custo de serviços de TI caiu muito mais de 99% em 15 anos? E por que o setor de serviços de negócios globais, que é essencialmente um negócio de dados, não deveria estar passando por aumentos exponenciais de recursos?

Essa era a pergunta que eu tinha em mente quando comecei a trabalhar nos NGS em 2015. Os GBS da P&G tinham o melhor benchmark do setor, mas deveria haver alguma maneira de encontrarmos a próxima curva em S da melhoria. Para estimular a criação de ideias, conversamos com mais de uma centena de organizações — consultorias, organizações parceiras de serviços compartilhados, provedores de TI, investidores de capital de risco e startups. Uma dessas era uma empresa global de software, com base na Austrália, com receitas de US$500 milhões. Perguntei a eles se tinham uma organização de serviços compartilhados. Não tinham. Sabia que eram incrivelmente eficientes em suas operações, então persisti com minhas perguntas sobre como administravam os serviços de RH, como folha de pagamento, contratação e gestão de desempenho. Disseram que a função de RH fazia tudo isso. Então, perguntei sobre o tamanho da organização de RH em todas as suas localidades físicas em dez países. A resposta me deixou perplexo: 25 pessoas. O mais incrível foi que perceberam minha surpresa e acharam que o número estava alto demais! Disseram, meio que na defensiva, que metade do RH estava dedicado à contratação, uma vez que a empresa estava dobrando o número de pessoal a cada ano. Enquanto tentava fechar minha boca que se abrira até o chão, percebi que tinha me deparado com um insight importante: a nova geração de serviços compartilhados já existia. Era assim que as empresas nativas digitais administravam suas operações internas.

147

Uma Estrutura Central Digital das Operações

Os meses seguintes apresentavam um exemplo atrás do outro sobre por que uma estrutura central digital para as operações da empresa no futuro não era apenas desejável, mas que já começava a existir na nova geração de empresas digitalmente experientes. Os custos de benchmark de TI e de serviços compartilhados em termos de porcentagem das receitas daquelas empresas era menos da metade do que nas empresas grandes. Uma grande empresa de administração de bens e fortunas em Nova York havia duplicado a produtividade de seus funcionários quatro vezes durante os dez anos anteriores. Os exemplos mencionados anteriormente no livro — incluindo o x.ai, o administrador-robô que conseguiu organizar a agenda, ou robôs que escrevem 90% das atualizações curtas sobre preços de ações ou resultados de esportes, ou ShotSpotter, a ferramenta de IA usada para fazer a triangulação em tempo real dos locais de tiros disparados, usando informações de câmeras e muitas outras — surgiram de repente em apoio ao conceito de uma estrutura central digital de operações.

A transformação digital na maioria das organizações terá três formas: novos modelos de negócios (por exemplo, vendas online, saindo do varejo), novos produtos com tecnologia incorporada (como carros autônomos) e operações digitais internas (como usar IA para a gestão de fortunas). O futuro dos GBS, incluindo a função de TI, era se autotransformar para ser o centro digital das operações no empreendimento inteiro.

Nossa pesquisa revelou dezenas de possibilidades disruptivas dentro do setor de serviços compartilhados para apoiar o objetivo dos GBS se tornarem o centro digital das operações da P&G. O exemplo das soluções de gastos de viagens em organizações nativas digitais, incluindo Google, Adobe e Netflix, entre outras, abriu nossos olhos. A maioria dos empreendimentos tradicionais possui padrões rigorosos sobre onde comprar as passagens e em quais hotéis se hospedar. Após cada viagem, todos os gastos são meticulosamente documentados em relatórios de despesas — tarefa odiada pela maioria dos viajantes.

O processo realizado por algumas organizações nativas digitais era radicalmente diferente. Antes de cada viagem, o viajante se conectava a um sistema, inserindo o destino e as datas da viagem. Com base em um enorme banco de dados de custos antecipados, o sistema então apresentava um orçamento para a viagem. O viajante ficava livre para fazer as reservas em qualquer site e permitia que ficasse em qualquer hotel. O cartão de crédito corporativo tinha detalhes de gastos e, portanto, não havia necessidade de que o funcionário criasse um relatório de gastos no sistema. Além disso, se o orçamento da viagem não fosse totalmente usado, a política permitia ao viajante que alocasse o valor restante para ser usado de maneiras flexíveis — incluindo ficar em um hotel chique na próxima viagem, ou até mesmo fazer doações para caridade. Essas práticas não apenas economizaram dinheiro ao empreendimento (chegando a 30%) e eliminaram atividades não centrais (gerenciar agências de viagens, negociar preços com o hotel e relacionar cada recibo com o gasto), mas também melhorou a satisfação do funcionário por serem tratados como adultos.

Durante os três anos seguintes da minha liderança dos NGS, conseguimos executar cerca de 25 projetos com um potencial 10X similar. Eles eram executados como um mix de portfólio em que alguns projetos eram descontinuados se não atendessem os critérios financeiros e de velocidade, e outros que excediam seu potencial inicial. Desde que o portfólio como um todo entregasse a mais do que o objetivo, não havia problemas. As possibilidades de criação de um centro digital de operações do empreendimento eram infinitas. Veja alguns exemplos:

- Você consegue executar as operações de planejamento de cadeia de suprimentos de um empreendimento, de ponta a ponta, dos suprimentos à demanda, em tempo real? As práticas padrão no mundo hoje tratam cada processo do planejamento das necessidades de materiais (MRP) como exercícios em silos envolvendo a previsão e planejamento de demandas, planejamento da execução de produção, planejamento de transporte e assim por diante. A otimização desses processos em silos em grandes empreendimentos globais de manufatura pode resultar em milhares de funcionários preenchendo os espaços. No mundo de hoje, isso é arcaico. Arquiteturas modernas podem lidar com trilhões de eventos por hora e usar algoritmos de IA para otimizar os planos em todo o sistema e em tempo real.

- Que tal uma experiência à la "Siri" para todos os sistemas do empreendimento, com a habilidade de abrir caminho pelos sistemas em silos no empreendimento para oferecer a solução para a maioria das necessidades? Então, por exemplo, em vez de ter que acessar diversos sistemas individuais durante o planejamento para que um recém-contratado faça a integração (crachá, salário, dependências, computador e e-mail, sistemas de treinamento etc.), poderíamos apenas dizer "Oi, Siri, configure a integração da recém-contratada, Jane Smith, para começar em 1º de março de 2020" e, depois, fazer o programa executar em todos os sistemas em silos, após fornecer mais alguns detalhes. Essa mesma experiência de usuário estaria disponível também para transações comerciais.

- Poderíamos usar a IA para reprojetar drasticamente os processos de contas a receber? Em vez de ter centenas de funcionários em grandes organizações executando manualmente processos como a decisão sobre a validade de litígios por pagamento abaixo da média de empresas parceiras, poderíamos ter algoritmos tomando essas decisões?

- Os algoritmos poderiam analisar contratos vindos de fornecedores e destacar as partes da proposta que não estiverem de acordo com a política, ou que fossem áreas para negociação?

- As previsões financeiras poderiam ser feitas de forma mais precisa por algoritmos do que por uma combinação dos sistemas tradicionais de previsões e humanos?

- Um cérebro de IA para a função de compras poderia guiar os compradores com fundos escolhidos em suas decisões mais complexas? Por exemplo, manter-se atualizado com as mudanças dos fornecedores e do setor, identificar tendências de preço em tempo real e até mesmo fazer pedidos com pagamento à vista? Ou criar mais concorrência entre os fornecedores ao analisar mais dados externos sobre novas possibilidades de novos contatos? E relacionar notas fiscais e pagamentos contínuos com tabelas complicadas de preços em contratos para evitar pagar a mais do que o necessário?

- Poderíamos causar disrupção em toda a experiência de centros de atendimento ao consumidor usando algoritmos que poderiam traduzir de voz para texto e pesquisar em vastas bases internas de conhecimento para responder questões complicadas e, no processo, fornecer mais serviços e mais escolhas aos usuários?

- Poderíamos eliminar 90% ou mais de todos os apagões no empreendimento (do fornecimento de energia à rede, servidor, banco de dados, qualidade dos dados ou interrupções na experiência do usuário) ao coletar sinais relacionados com essas operações em um lago enorme de dados, e usar algoritmos para prever e curar a maioria dos problemas? E poderíamos fazer isso simultaneamente no mundo todo e com todos os fornecedores?

- Os fretes globais e complexos feitos por navios e aviões em todos os países e por todos os fornecedores poderiam ser feitos de modo mais transparente e simples, especialmente quanto ao status atualizado de localização de bens e o custo real do transporte, até possivelmente eliminando a necessidade dos fornecedores enviarem a nota fiscal?

- A tecnologia de vídeo poderia ser usada para realizar uma "observação" real do comportamento do consumidor, em vez do "suposto" comportamento, por meio de algoritmos de vídeo para vasculhar enormes quantidades de gravações e fornecer dados com base em ações reais dos consumidores? Observar o comportamento real é algo mais confiável do que perguntar às pessoas como se comportariam em uma situação. Fazer isso em escala gigante hoje é um desafio enorme.

- O enorme desafio de sincronizar "dados mestres" no empreendimento (como códigos padrão e valores como o peso correto e o código de unidade de manutenção em estoque [SKU] correto para um produto em qualquer parte do mundo) poderia ser finalmente consertado?

Centenas de oportunidades dessas linhas existem no empreendimento e são ideias viáveis. Se determinada organização consegue executar alguma, várias ou todas, é uma pergunta diferente. É a diferença entre identificar um estado final viável e executar com êxito a transformação digital. A grande questão é como fazer a transição de um estado atual estável e bem-sucedido para um estado futuro altamente desejável, porém incerto.

O Desafio da Transição

A questão sobre a transição bem-sucedida de um estado atual para um futuro nos leva de volta à pergunta sobre por que as transformações digitais dão errado. As lições da jornada dos NGS levaram à criação do modelo de cinco estágios da transformação digital. Em particular, gostaria de destacar o exemplo das três disciplinas que exerceram um papel crucial no início do programa dos NGS.

Suficiência Estratégica

Os objetivos dos NGS eram ambiciosos — causaríamos disrupção nos GBS da P&G, mas no processo de mudar todo o setor de serviços compartilhados. Isso trouxe o problema da suficiência estratégica. Como um grupo pequeno de pessoas da P&G poderia causar disrupção em um setor inteiro? A melhor estratégia, no nosso caso, foi criar um efeito de ecossistema.

Primeiro, os NGS teriam de ser mais do que apenas um grupo da P&G. Não importava o conjunto de nossas forças internas, um ecossistema mais amplo de recursos sempre entregaria recursos mais transformadores do que qualquer empresa poderia de forma individual. Concordamos quanto à definição dos NGS como um ecossistema aberto que teria três grupos:

- Cerca de 12 recursos da P&G escolhidos a dedo que projetariam as ideias 10X e as implementariam na organização base.

- Cerca de seis parceiros atuais de TI da P&G como EY, Genpact, Infosys, L&T Infotech, HCL, HPE/DXC, Tata Consultancy Services e WNS. Eles escalonariam as ideias 10X para os produtos.

- Um grande ecossistema de startups trazido aos NGS por meio dos dez principais investidores de risco do mundo. Eles trariam os recursos disruptivos mais recentes, que poderiam ser complementados e "blindados" pelos parceiros de TI e implementados pelos líderes dos NGS da P&G.

Segundo, o ecossistema teria de ser baseado em uma relação de ganha-ganha para todos os participantes. A proposição de valor com os parceiros de TI da P&G funcionou da seguinte forma: eles trariam os recursos e o financiamento necessário para o desenvolvimento do produto para criar o produto de software 10X. Em troca, eles obteriam a propriedade intelectual e os direitos para vender os produtos externamente para outras empresas (que não fossem concorrentes diretas da P&G). Caso o produto fosse verdadeiramente uma transformação 10X para os GBS da P&G — a melhor organização de serviços compartilhados —, então teria de ser muito comercialmente atrativos para os outros. A proposição de valor para as startups era obter uma posição com relação a um cliente de interesse, em troca de coinovar conosco. E o ganho para a P&G era obter disrupções 10X com custo baixo ou não existente.

Terceiro, nem mesmo esse ecossistema dos três grupos seria grande o suficiente para causar disrupção em larga escala. Dessa forma, necessitaríamos de uma comunidade maior e de uma multidão para apoiá-la. A maioria das ideias, bem como a capacidade de execução para os NGS, viriam dali. A "comunidade" incluía pessoas entusiasmadas dentro da P&G e de seus parceiros imediatos que estavam atraídas pela alta qualidade do trabalho e queriam fazer parte dele. A "multidão" incluía recursos ilimitados disponíveis a partir do crowdsource de trabalho — por meio de universidades, comunidades de startups e grupos especialistas, como Kaggle, para problemas envolvendo analytics.

Execução Iterativa

O modelo de operação dos NGS foi definido logo no início para ser uma execução iterativa, de alto risco e alto retorno.

Primeiro, os NGS focariam apenas as iniciativas disruptivas 10X. A organização central faria um trabalho diário de melhoria contínua.

Segundo, inspirada pelo Alphabet/Google X, a operação dos NGS foi configurada como um portfólio de projetos. Como dono da organização, vi minha função como se fosse um capitalista de risco para os projetos. Para cada dez experimentos (projetos) em que trabalhava, descontinuava cinco e esperava que quatro entregassem resultados 2X e que um se transformasse em uma disrupção 10X.

Terceiro, para criar uma rápida "velocidade de relógio" da operação, concordamos com uma diretriz geral pela duração de cada estágio de trabalho. Isso teve base na série exponencial de 1-2-4-8-16: um mês para a avaliação de cenário, dois meses para o projeto, quatro meses para teste de hipóteses, oito meses para completar o desenvolvimento e teste total no mercado e dezesseis meses para completar todas as implantações.

Finalmente, o próprio modelo de operação para a ideação e implementação foi padronizado para usar design thinking e lean startup.

Modelo de Gestão de Mudança

O modelo escolhido foi a criação de uma organização descentralizada que seria composta de líderes operacionais selecionados a dedo e altamente confiáveis credenciados para conduzir a mudança na organização central, mas que operariam atrás de um "firewall cultural" durante os estágios iniciais de cada projeto para recompensar os experimentos de alto risco e alto retorno.

A escolha de quem alocar para os NGS foi feita com a gestão da mudança em mente. Os 12 líderes foram selecionados a dedo pela liderança dos GBS, com base principalmente em sua alta confiabilidade dentro da organização central, e não em suas habilidades técnicas ou de inovação. Esses líderes trabalhavam em tempo integral com os NGS, mas focados nos experimentos que tinham alto valor (geralmente um potencial de US$50 milhões ou mais) e tinham prioridades cruciais de inovação dentro do plano estratégico anual de suas organizações individuais. Para possibilitar o foco na velocidade (versus o compliance com a política) durante os estágios iniciais de cada projeto, a equipe teve a permissão para operar atrás de um "firewall cultural" que promovia a tomada de riscos inteligentes nos primeiros estágios dos projetos, enquanto os protegiam do sistema imunológico corporativo natural.

Ao final de minha função após esses três anos nos NGS, os resultados reais seguiram extremamente bem o modelo 10-5-4-1. Dos 25 experimentos (projetos) possíveis que foram realizados, quatro foram definitivamente 10X e oito foram de 2X a 5X por natureza. Para cada sucesso, houve dois ou mais fracassos. Foi aí que a cultura de recompensar o "aprendizado na prática" contribuiu. Não houve fracasso — apenas aprendizado, desde que o efeito portfólio de todos esses experimentos (projetos) continuasse a exceder os objetivos financeiros gerais. A decisão de alocar a organização líder da transformação na matriz em Cincinnati, em vez de no Vale do Silício, foi uma ação brilhante. No fim das contas, a transformação digital tem menos a ver com os recursos técnicos e mais com a mudança sistemática do pensamento das pessoas. Talvez isso esteja entre os maiores efeitos colaterais de termos estabelecido os NGS — a inspiração para o restante da organização de que a transformação não era apenas desejável, mas que cada pessoa poderia de fato contribuir com ela e liderá-la dentro de suas próprias funções.

Resumo do Capítulo

- Qualquer organização motivada pode lidar com a transformação digital usando o exemplo dos Serviços de Próxima Geração (Next Generation Services — NGS) da P&G.

- A transformação digital pode assumir três formas: modelos de negócio totalmente novos (como sair do varejo físico e vender apenas online), novos produtos orientados pela tecnologia (como carros autônomos) e operações digitais. O estudo de caso específico dos NGS tratou da criação de novas operações digitais.

- O desafio para a maioria dos líderes é como fazer a transição do estado atual para o estado futuro desejado. É aqui que o modelo de cinco estágios para a transformação digital pode contribuir.

Capítulo 14

Como as Transformações Digitais Podem Dar Certo

Sou superotimista em termos de era digital. Acredito que as novas ferramentas digitais têm o potencial de transformar pessoas, empreendimentos e a sociedade. Também sou realista em relação ao poder disruptivo do digital. Como todas as ferramentas de disrupção das revoluções industriais anteriores, haverá a dor da mudança. A pergunta não é se a disrupção digital ocorrerá, mas qual papel queremos desempenhar quando ela ocorrer.

Meu intento é compartilhar como a diligência é a mãe da boa sorte, para citar Miguel de Cervantes, especialmente quando aplicada à transformação digital.

Por que as Transformações Digitais Dão Errado *oferece um modelo para a transformação de sucesso. A jornada da transformação digital é colocada em contexto, fornecendo um guia disciplinado para passar por cada estágio da transformação por meio de um modelo de transformação digital em cinco estágios.*

Visar o estágio certo ideal (o Estágio 5) é apenas o início da jornada. É igualmente importante seguir uma abordagem disciplinada para chegar lá. Esse é o papel das surpreendentes disciplinas. Eu as denomino surpreendentes porque há quem presuma que o segredo para o sucesso na transformação digital seja a criatividade para criar novos modelos de negócios e na transformação da organização. Minha própria experiência me ensinou que isso é insuficiente. O real segredo para o sucesso na transformação digital é a disciplina. A aspiração de Por que as Transformações Digitais Dão Errado *é trazer rigor à execução e ajudar a fazer da transformação digital um sucesso.*

Prosperar na Quarta Revolução Industrial é absolutamente possível. Há um mito de que Abraham Lincoln, Steve Jobs e Peter Drucker têm algo em comum, pois os três são citados por terem dito alguma variação de "a melhor forma de prever o futuro é criá-lo". Independentemente das reivindicações de sua originalidade, todos estavam certos. Conforme o digital continua conduzindo um ritmo sem precedentes de mudança, o equivalente moderno provavelmente é "a melhor forma de evitar ser Uberizado é ser o Uberizador".

Para que fique claro, nossas motivações para liderar a mudança não precisam ser defensivas. Pelo contrário, cada mudança é uma oportunidade e o mundo nunca viu tantas oportunidades quanto as oferecidas pela Quarta Revolução Industrial.

O Digital é uma Oportunidade de Proporções Históricas

Quando Marc Andreessen publicou seu artigo no *Wall Street Journal* em agosto de 2011 intitulado "Why Software Is Eating the World" [Por que os Softwares Estão Consumindo o Mundo], a maioria dos líderes tradicionais achou difícil comparar o que estava acontecendo na Amazon, Pixar, Apple ou Netflix com o futuro de suas próprias empresas. Era compreensível. Como Bill Gates disse celebremente: "Sempre superestimamos a mudança que ocorrerá nos próximos dois anos e subestimamos a que ocorrerá nos próximos dez." Ainda não completaram dez anos desde a publicação do artigo de Andreessen, mas seu significado ficou repentinamente claro agora. A disrupção digital não é apenas para os setores de tecnologia, mídia e entretenimento. O fato de que softwares causarão disrupção em todos os setores é tão amplamente aceito que artigos de jornais agora listam quais setores sofrerão *menos* disrupção. E até esses, por falta de cão, estão caçando com gatos quando listam o governo e o judiciário como estando relativamente ilesos à disrupção digital.

Toda essa transformação industrial é uma oportunidade de proporções históricas. O software está consumindo o mundo, não de forma destrutiva como o Pac-Man, e sim mais semelhante às plantas que consomem o dióxido de carbono e luz para gerar oxigênio. Vemos sinais dessa fotossíntese digital em tudo ao nosso redor. O digital está multiplicando os recursos de todos os outros disruptores, sejam de nanotecnologia, drones ou energia solar. Não faltam exemplos. A simples dimensão do que é possível hoje, e quão rapidamente ocorre a mudança, é de tirar o fôlego. Compartilho a seguir uma minúscula porcentagem de tais exemplos.

- Cinco das dez principais empresas do mundo em termos de capitalização de mercado em 2018, de acordo com a PwC, são de tecnologia. E isso sem incluir Amazon ou Alibaba, que são classificadas como "serviços ao consumidor".

- Oito anos atrás, apenas uma dessas dez, a Microsoft, também estava na lista.

- Veículos autônomos, que pareciam ficção científica há apenas alguns anos, representarão US$50 bilhões em vendas até 2035. As crianças que estão nascendo hoje talvez nunca tenham que tirar habilitação de motorista.

- A armazenagem, que costumava ser uma operação muito manual, agora está significativamente automatizada. Foi-se o tempo em que um humano tinha que se dirigir ao corredor para pegar pasta de dente, desodorante e batom para um pedido online. Hoje, em vez de o selecionador ter que se movimentar pelos corredores, robôs movimentam as prateleiras para que o selecionador, imóvel, separe os produtos.

- A manufatura aditiva, como a impressão 3D, representará 10% de toda a manufatura nos próximos dez anos. A China já imprimiu um prédio de seis andares em 3D. A Estação Espacial Internacional já vem imprimindo ferramentas e peças extras para uso próprio há anos.

Capítulo 14 | Como as Transformações Digitais Podem Dar Certo **157**

- O planejamento da cadeia de suprimentos baseado em softwares de algoritmo encolherá drasticamente os estoques de produtos e os lead times nas cadeias de suprimento. Zara, a varejista de moda, há anos vem entregando em duas semanas artigos de moda saindo da ideia do designer até o estoque da loja.

- A manufatura ágil e feita sob medida aos poucos substituirá a manufatura em grande escala de "lotes". A Xiaomi, fabricante chinesa de smartphones, já despacha novos lotes de telefones a cada semana, com cada lote contendo recursos superiores ao anterior. Eles também registram que 70% de suas vendas acontecem online, incluindo as pré-vendas, o que lhes permite comprar matéria-prima após a realização da venda.

- Cerca de 40% de todos os empregos do setor de serviços financeiros poderiam ser feitos por robôs de software até 2030.

- Entre 40% e 50% dos empregos nos setores de manufatura, transporte e varejo poderiam ser realizados por robôs de hardware ou software até 2030.

- Mesmo os robôs usados na manufatura sofrerão disrupção nos próximos dez anos, conforme a impressão 3D assume novas funções. Se você puder imprimir seu computador ou smartphone em casa, estará eliminando os robôs na fábrica.

- A renda média antes dos impostos nesses setores crescerá devido a esses ganhos com produtividade, embora talvez não seja igualmente dividido entre todos os grupos de trabalhadores.

- A assessoria para gestão de fortunas alimentada pela inteligência artificial (IA) será um estouro nos próximos anos. Até 2025, 10% de todas as fortunas administradas usarão uma combinação de IA e humanos. Dessas, 16% serão administradas exclusivamente por robôs.

- Determinadas agências de notícias já geram 90% de suas atualizações de notícias curtas, pro forma e em tempo real sobre esportes e mercados financeiros por meio de robôs de software. A IA, com certo auxílio de um jornalista humano, vai gerar 90% de todas as notícias em 15 anos.

- O reconhecimento de voz já é três vezes mais rápido e mais preciso do que digitar. No futuro, robôs de processamento de linguagem natural (NLP) compreenderão e executarão a maioria das tarefas domésticas e no trabalho.

- Ambient computing será outro estouro. É a tendência de incorporar generalizadamente os computadores nos aparelhos cotidianos, ao ponto de deixarmos de considerar os computadores como aparelhos individuais.

- O aprendizado profundo, um subconjunto de última geração da IA usado em carros autônomos, também será usado para autogerar algoritmos criptográficos para a comunicação entre aparelhos que são extremamente difíceis de hackear.

- O aprendizado profundo também já consegue fazer leitura labial com mais de 90% de precisão, embora um leitor comum de lábios geralmente apresente 50% de precisão.

- Se o aprendizado profundo consegue descobrir como jogar jogos de computador sem ser ensinado ou programado, então o desenvolvimento de produtos orientados pela IA para departamentos de pesquisa e desenvolvimento já é algo palpável.

- A economia de trabalhos temporários ou de meio período representava cerca de 10% da força de trabalho dos EUA em 2005. Hoje ela já é um terço da mão de obra, e espera-se que exceda os 40% até 2020. Você pode ter grandes vitórias ao aproveitar essa tendência.

- Trinta e dois milhões de pessoas nos EUA não conseguem ler placas de trânsito, mas, até 2020, nossas projeções indicam que haverá 10 milhões de carros autônomos que farão a leitura precisa de todas as placas.

- Até 2027, a alfabetização de máquina — a habilidade do computador de estar acima dos níveis básicos de alfabetização humana — excederá a alfabetização de 24 milhões de cidadãos dos EUA.

- Noventa por cento da população global acima de 6 anos terá um celular até 2020.

- Até 2030, 1,2 bilhão de indianos terão smartphones (e não apenas celulares). E isso em um país onde até mesmo os telefones fixos eram raridade apenas 30 anos atrás.

- Estudos têm provado consistentemente que as tecnologias digitais estão diminuindo a distância educacional em nações em desenvolvimento. Some isso ao índice global de 90% de posse de celulares entre as pessoas com 6 anos de idade ou mais e, em 2020, haverá um perfil de consumidor drasticamente diferente para o mercado.

- Em vinte ou trinta anos, o custo de produção de energia doméstica será uma fração do custo de comprá-la da rede elétrica.

- O mais importante é que as consequências da energia barata são mais animadoras. A eletricidade barata significa água potável barata, uma vez que a energia permite o processamento de todos os tipos de água, incluindo a marítima.

- Dezenas de novas tecnologias de baterias que vão da bioenergética até grafeno e microsupercapacitores darão vida nova à tecnologia tradicional de baterias de íon de lítio. Em médio prazo, tecnologias como lítio-ar, lítio-enxofre e fluxo de vanádio provavelmente nos levarão a um futuro renovável em vinte anos.

- Melhorias no serviço de saúde significam que o tempo médio de vida de homens norte-americanos em 2050 poderia ser de 83 a 85 anos. Para as mulheres, seria de 89 a 94.

Capítulo 14 | Como as Transformações Digitais Podem Dar Certo **159**

- Até 2020, talvez vejamos tentativas humanas de nanobots cirúrgicos. Esses robôs minúsculos conseguem capturar células individuais, coordenarem a si próprios, aplicar remédios específicos e esterilizar-se ao término do trabalho.

- Diagnósticos médicos se tornarão um setor de autoatendimento, uma vez que extensões ao smartphone permitirão aos pacientes que diagnostiquem tudo, de uma fibrilação atrial a distúrbios genéticos, direto de seus lares.

- Nos próximos cinco anos, haverá aplicativos que poderão dizer, a partir de sua expressão facial, se você está mentindo. Imagine como isso poderá afetar o sistema judicial!

- Cidades inteligentes usarão sensores e recursos digitais para administrar o tráfego, os serviços públicos, a força policial, o apoio médico e outros serviços comunitários. Já existem mais de 250 projetos de cidades inteligentes no mundo atualmente.

- A Índia planeja construir cem cidades inteligentes.

- Carne cultivada em laboratório oferecerá alternativas superiores à carne convencional, usando 50% menos energia e causando entre 80% e 90% menos emissões. Isso é bom porque a indústria da carne representa 18% de todas as emissões de gases que causam efeito estufa.

- Robôs e drones provavelmente serão os agricultores do futuro, mesmo em fazendas de pequeno e médio porte. Os robôs já podem ser produzidos por US$500 em mercados em desenvolvimento, e esse preço rapidamente cairá para menos de US$100.

- Bartenders virtuais já estão em uso. O navio de cruzeiro *Anthem of the Seas* da Royal Caribbean prepara seus drinques e permite a você que de um passo além do menu, criando suas próprias combinações.

- O blockchain, atualmente a única tecnologia considerada incorruptível, pode finalmente nos fornecer votações seguras online.

- O blockchain causará disrupção na necessidade de que intermediários completem as transações financeiras. De acordo com o Fórum Econômico Mundial, 10% do PIB global será conduzido por blockchain até 2025.

- Uma combinação de recursos de confiança, transparência e segurança totais transformarão as cadeias de suprimento de manufatura do futuro em cadeias de demandas.

- Nos mercados em desenvolvimento, o uso de blockchains de baixo custo ajudará a lidar com a fraqueza endêmica das instituições. Exemplos incluem a expansão da economia compartilhada para possibilitar o poder de barganha local, o aumento dos microfinanciamentos, atacando a corrupção permeada nos intermediários e entregando documentos seguros de identidade e posse.

- Ao longo da próxima década, a manufatura moderna nos EUA criará 3,5 milhões de novos empregos. Além das ameaças da globalização, o grande desafio será retreinar os trabalhadores existentes. Até 2 milhões de trabalhos de manufatura de alta tecnologia talvez não sejam preenchidos.

- Gastos com propagandas digitais nos EUA já ultrapassaram os de TV em 2017. As funções corporativas de propaganda evoluirão e se tornarão funções de engajamento personalizado com o consumidor com base em dados e algoritmos.

- A função corporativa de RH precisará de uma transformação para que vá além de entregar normas, processos e serviços de gestão de talentos. Isso será automatizado por meio de tecnologia de RH. O setor evoluirá e passará a entregar capital humano inovador, ágil e digitalmente habilidoso.

A Corrida para Transformar a Oportunidade em Sucesso

A questão para os líderes visionários é como transformar essas oportunidades sem precedentes em ações relevantes. Embora a frase de William Gibson, "o futuro já está aqui — ele apenas não está distribuído igualmente", nunca tenha deixado de ser verdadeira, a mera descontinuidade do futuro emergente permite aos líderes da mudança que vencerem desproporcionalmente, em comparação com os resistentes à mudança. Isso é verdade tanto para pessoas como para organizações.

Certamente, um dos motivos pelos quais as transformações digitais dão errado é que fica difícil conduzir a mudança dentro de empreendimentos estabilizados. Além de todos os problemas de administrar a mudança em organizações e culturas obsoletas, os sistemas financeiros de recompensa por riscos em grandes empreendimentos parecem estar favorecendo suas concorrentes startups velozes. Como destacado por Maxwell Wessel em seu artigo publicado em setembro de 2017 na *Harvard Business Review* com o título "Why Preventing Disruption in 2017 Is Harder Than It Was When Christensen Coined the Term"[51] [Por que Prevenir a Disrupção em 2017 é Mais Difícil do que Quando Christensen Cunhou o Termo, em tradução livre], os desafios mais disruptores para empresas estabelecidas hoje vêm das startups que conseguem criar disrupções com estruturas leves. Considere Uber versus General Motors, ou Airbnb versus Hilton. Além disso, embora os grandes empreendimentos estejam geralmente limitados a financiar inovações por meio de dívidas, suas equivalentes startups pegam emprestado múltiplos de receitas 10X a 30X, usando suas participações. Grande parte dessa disrupção barata e com uma estrutura leve acontece devido à tecnologia digital. No entanto, essa dinâmica corta dos dois lados.

O Digital é o Equilibrador Definitivo da Balança

Há formas de equilibrar as desvantagens em empreendimentos estabelecidos. Eles possuem os meios financeiros, o conhecimento setorial, ecossistemas gigantescos de apoio e talentos selecionados. E, ainda melhor, essa democratização da mudança conduzida por modelos digitais com estruturas leves pode ser um possibilitador igual em organizações estabelecidas, caso seja aplicada corretamente. A boa notícia sobre a era digital é que ela capacita ecossistemas enormes para a inovação. Isso pode equilibrar a balança.

Uma maneira de vencer desproporcionalmente na era digital é estar entre os líderes da mudança digital. Faça com que sua iniciativa de transformação digital valha a pena. Este livro demonstra como melhorar as chances da transformação digital por meio da diminuição de custos e dos riscos da mudança.

O Restante Depende de Você

Somos agraciados pela oportunidade de "apenas" liderar a mudança na Quarta Revolução Industrial da história da humanidade. A tecnologia está aqui. Os modelos de mudança existem. A convicção e a cosmovisão para prosperar nesta era pertencerão aos líderes individuais, como sempre tem sido ao longo da história. Conforme você aceita o desafio de transformar o futuro, meu humilde desejo é que aprendamos com o passado. A disrupção digital pode ser superada. A razão pela qual as transformações digitais dão errado é que elas exigem mais disciplina do que se espera. É necessária uma quantidade surpreendente de disciplina e de visão positiva quanto às possibilidades para que as transformações digitais sejam bem-sucedidas.

Recurso A

Checklist das Disciplinas Surpreendentes

A Tabela A-1 apresenta um modelo com as disciplinas surpreendentes para levantar voo e manter-se à frente na transformação digital.

Tabela A-1 Checklist das disciplinas surpreendentes

Estágio	Disciplina	Perguntas
	Estabelecimento de Objetivos	1. A transformação proposta usa dois ou mais de: tecnologias exponenciais, modelos baseados em resultados e ecossistemas exponenciais?
		2. Sua transformação tem como objetivo reinventar, e não criar, a evolução incremental?
		3. É seu objetivo entregar um ou mais de: nova transformação do modelo de negócios, nova adjacência de produto viabilizada pela tecnologia ou eficiências operacionais 10X?
		4. É intento da transformação causar uma cultura perpétua de transformação?
		5. A transformação proposta é para o empreendimento todo, com base em uma estratégia formal e orientada de cima para baixo?
Fundação (Estágio 1)	Comprometimento de Dono	1. Há um comprometimento de dono, completo e visível, da estratégia digital por parte do líder?
		2. Há sinais ou planos para que o líder demonstre pessoalmente novos comportamentos transformacionais?
		3. Há estruturas no local para garantir que o líder traduza os objetivos empresariais em estratégias transformacionais, envolvendo-se pessoalmente nelas de forma contínua?
	Comprometimento de Dono	4. Há algum mecanismo em vigor para que os stakeholders compreendam com clareza os problemas durante a transformação e quebrem as barreiras constantemente?
		5. Os patrocinadores e líderes seniores possuem uma alfabetização digital suficiente para conduzir a transformação?

164 Por que as Transformações Digitais Dão Errado

Tabela A-1 Checklist das disciplinas surpreendentes *(continuação)*

Estágio	Disciplina	Perguntas
Fundação (Estágio 1) *Continuação*	**Execução Iterativa**	1. Você está usando alguma metodologia iterativa e ágil, como lean startup, para a execução do projeto?
		2. Você dividiu seu programa em um portfólio de projetos de modo que permita um mix ideal de esforços de alto e baixo risco?
		3. Sua transformação digital estabeleceu a "velocidade de inovação" como objetivo e há métricas associadas com a rapidez?
		4. Há mecanismos como NGS 1-2-4-8-16 para ajudá-lo a conduzir a velocidade/ritmo da inovação em seus projetos?
		5. Há algum método para resolver a questão dos "dois mundos" que permitem a transformação ao progresso com custos fixos menores e maior velocidade do que a organização central?
Silos (Estágio 2)	**Empoderamento da Disrupção**	1. O propósito transformador massivo (PTM) foi definido?
		2. Os líderes da mudança foram comunicados sobre os elementos específicos de cobertura aérea que receberão na medida em que conduzem a mudança?
		3. Os stakeholders auxiliares e aqueles que serão afetados pela mudança foram informados sobre suas funções para ajudar com a mudança?
		4. O líder identificou e se comprometeu a colocar sua pele no jogo para a transformação?
	Empoderamento da Disrupção	5. O líder muniu o motor da mudança com algumas iniciativas para conduzir o impulso?
	Pontos de Vantagem Digital	1. Você examinou todas as áreas com vantagens digitais em potencial, incluindo a criação de novos modelos de negócio, novos produtos e uma excelência operacional disruptiva?
		2. Você considerou as possibilidades de vantagens externas à sua organização, incluindo pares, fornecedores e consumidores?

Tabela A-1 Checklist das disciplinas surpreendentes *(continuação)*

Estágio	Disciplina	Perguntas
Silos (Estágio 2) *Continuação*		3. Você alinhou suas ideias de disrupção digital com suas escolhas estratégicas mais impactantes usando o Modelo de Negócios Canvas ou estruturas similares?
		4. Você observou as três possibilidades exponenciais — tecnologias, processos e ecossistemas exponenciais — para identificar as possibilidades digitais mais disruptivas?
		5. Você utilizou um processo de idealização não linear, como o design thinking, para criar novas grandes ideias?
Parcialmente Sincronizado (Estágio 3)	**Mudança Efetiva de Modelo**	1. Há reconhecimento e apoio amplos, tanto entre os líderes como no centro da organização, de que a gestão de mudança será dez vezes mais difícil do que a transformação tecnológica em si?
		2. Você percebeu as condições de urgência em comparação com a atitude operacional da organização em relação à mudança e fez esforços para visar uma situação particular de mudança?
		3. Você deliberadamente escolheu uma estratégia apropriada para a gestão de mudança (mudança orgânica, estrutura de organização descentralizada ou mudança inorgânica)?
		4. Você identificou as funções e pessoas que provavelmente serão a parte do meio congelada?
		5. Você criou novos sistemas de recompensa no centro da organização para motivar a parte do meio congelada a participar nos esforços de mudança?
	Suficiência Estratégica	1. Você desenvolveu mecanismos para gerar um número suficiente de projetos de transformação digital na organização central de maneira contínua (intraempreendedorismo)?
		2. Você possui um mecanismo que o permitirá pegar algumas ideias grandes e disruptivas dos testes-piloto e escaloná-las rapidamente?
		3. Você possui mecanismos, incluindo sistemas de risco/recompensa, que permitem que pelo menos 50% de suas iniciativas aprendam com os fracassos?

166 Por que as Transformações Digitais Dão Errado

Tabela A-1 Checklist das disciplinas surpreendentes *(continuação)*

Estágio	Disciplina	Perguntas
Parcialmente Sincronizado (Estágio 3) *Continuação*		4. Você dividiu os critérios de recursos e sucessos em 70 (atividades operacionais centrais), 20 (atividades de melhoria contínua no centro) e 10 (inovação disruptiva)?
		5. Você identificou as métricas certas para o sucesso, de modo a celebrar os resultados da transformação digital e não apenas as atividades de teatro de inovação corporativa?
	Reorganização Digital	1. Você criou uma estratégia e planos tangíveis para abordar a reabilitação das pessoas para a era digital em termos de liderança e alfabetização digital do funcionário, políticas para a interface entre humanos e máquinas, estruturas organizacionais fluídas, segurança digital etc.?
		2. Há uma estratégia para combinar as diversas funções "digitais/TI" no empreendimento para que se tornem uma função capacitadora de recursos digitais?
		3. A função de recursos digitais fez um planejamento para introduzir plataformas tecnológicas mais flexíveis e escalonáveis?
		4. A função de recursos digitais atualizou os recursos de seu pessoal para incluir mais agilidade na execução, mais expertise de novas tecnologias e novos recursos para a governança de ecossistemas?
	Reorganização Digital	5. Você atualizou seu ecossistema de fornecedores para se alinhar com os conjuntos de habilidades necessários para vencer na condição digitalmente transformada?
	Permanecer Atualizado	1. Você criou uma estratégia para ajudar a organização a permanecer atualizada com as tecnologias digitais?
		2. Há um programa de alfabetização digital para a alta gerência que auxilie os executivos a dar o exemplo quanto às expectativas de alfabetização digital?
		3. Você está aproveitando totalmente os VCs e as startups para entender as disrupções mais recentes no seu setor?
		4. Você alocou seus fornecedores, parceiros e usuários hábeis com tecnologia para que forneçam uma educação contínua gratuita?

Recurso A | Checklist das Disciplinas Surpreendentes **167**

Tabela A-1 Checklist das disciplinas surpreendentes *(continuação)*

Estágio	Disciplina	Perguntas
Totalmente Sincronizado (Estágio 4)		5. Você explorou completamente a criação de ecossistemas abertos para gerar um grande número de casos de usos inovadores, interna e externamente (por exemplo, abrir seus dados via APIs para selecionar desenvolvedores)?
DNA Vivo (Estágio 5)	Cultura Ágil	1. Você possui uma etapa de cultura ágil para seu programa de levantar voo que esteja destinada a sustentar a transformação contínua?
		2. Há um forte foco pervasivo no cliente em toda a organização? Seu programa digital o expandirá?
	Cultura Ágil	3. Você estabeleceu uma cultura segura de aprendizagem com erros na parte central/receptora da organização que possibilite assumir riscos de forma inteligente?
		4. Você comunicou e desenvolveu um propósito comum em toda a organização que apoiará a transformação perpétua?
		5. Você criou um espírito de evolução constante (ou seja, sua organização reconhece que a mudança é a única constante)?
	Percebendo o Risco	1. Você incorporou um item específico em seu planejamento estratégico anual para perceber e reagir à disrupção digital?
		2. Você tem uma métrica específica para avaliar o quanto seu setor está sofrendo disrupção ao longo do tempo?
		3. Você está mensurando quantitativamente o quanto seus clientes estão modificando o cenário rumo à disrupção digital?
		4. Você possui uma métrica para captar o quanto algumas partes específicas do seu modelo de negócio — como evolução de canais, parceiros e sistemas de atividades —estão sendo transformadas pelo digital?
		5. Você está mensurando o estado de investimentos nos negócios digitais e a alfabetização digital em seu empreendimento?

Recurso B

Como Usar as Cinco Tecnologias Mais Exponenciais

Embora a lista de tecnologias exponenciais seja um alvo em movimento, há cinco tecnologias que os líderes não se podem dar o luxo de deixar passar. Denomino-as de as "Cinco Exponenciais".

As Cinco Exponenciais são:

1. Inteligência Artificial

2. Processo inteligente de automação

3. Blockchain

4. Robótica e drones

5. Tecnologias com funções especiais (realidade virtual, impressão 3D, Internet das Coisas, nanotecnologia, armazenamento de energia, biotecnologia, materiais avançados etc.)

1. Inteligência Artificial

Se você tivesse que escolher apenas uma tecnologia exponencial para focar (e isso seria um erro!), provavelmente seria a inteligência artificial. A IA é essencialmente a imitação do comportamento humano inteligente feito por computadores e máquinas. É a forma mais ampla de pensar em inteligência de computador. Todos os outros termos relacionados geralmente são subconjuntos da IA. Assim, o aprendizado de máquina é um subconjunto de IA que absorve dados para aprender tarefas específicas. O aprendizado profundo (deep learning), que ficou proeminente quanto o programa AlphaGo da DeepMind derrotou o campeão mundial de Go, é, por sua vez, um subconjunto do aprendizado de máquina (machine learning). É uma maneira de resolver problemas complexos com o uso de redes neurais que simulam o processo humano de decisão.

Você já é um grande consumidor de tecnologias de IA em sua vida pessoal. Caso tenha usado Siri, Cortana ou qualquer outro assistente virtual, então já usou IA. Se já teve alguma transação bloqueada ou indicada como suspeita por seu cartão de crédito ou banco, então já experimentou o uso de detecção de fraude da IA. Se a Amazon, Netflix ou outro provedor similar de serviços já recomendou um produto com base em seu perfil, isso é IA também. Carros autônomos usam IA. Um exemplo que talvez não conheça: um número enorme de histórias simples que podemos ler online no Yahoo!, AP e outros sobre resumos financeiros e resultados de esportes também vêm de ferramentas de IA.

Entendendo as Possibilidades e Limitações da IA

A IA pode estar em todos os lugares ao nosso redor, mas ela não é onipotente. A chave para desbloquear suas vastas mentiras em potencial é um termo inócuo, mas poderoso, que é bem conhecido em círculos de TI: casos de uso. Um "caso de uso" é a aplicação de uma ferramenta específica em algum problema. Assim, a detecção de fraude do cartão de crédito e os artigos de notícias gerados por máquinas são dois casos de uso da IA. A razão pela qual a IA ficou repentinamente tão popular é que o número de casos de uso atingiu um ponto de inflexão motivado pelo poder de computação acessível. Esse fenômeno se dá com todas as tecnologias exponenciais, mas o caso com a IA é que ela está no pico do ciclo.

A internet era uma tecnologia exponencial assim vinte anos atrás. Ela gerou uma explosão de casos de uso. Na verdade, uma boa parte do boom pontocom se deu porque inovadores passaram a criar novos casos de uso tendo a internet como base. A maioria dos primeiros casos de uso na internet tinham relação com "acessar" coisas — comprar produtos online, verificar sua conta bancária, acessar serviços como Detran. Com a morte da era pontocom, foi criada uma segunda geração de casos de usos que eram em si plataformas mais desenvolvidas para criar ainda mais casos de uso. A computação em nuvem é um exemplo. Ela essencialmente disponibilizou a capacidade dos servidores computacionais online para qualquer um que tenha conexão com a internet, o que, por sua vez, criou uma nova geração de aplicações de software em nuvem que eram muito melhores do que aqueles que tínhamos que instalar fisicamente em nosso PC ou em algum servidor. A IA está passando por um crescimento explosivo similar de casos de usos.

O Importante São os Casos de Uso

A boa notícia é que ninguém precisa ser especialista em IA para entender o tipo de casos de usos que podem ajudar ou causar disrupção em seu modelo de negócio. Veja algumas dicas sobre IA que devem ajudar:

- Não dá para simplesmente "fazer" IA, assim como não "fazemos" a internet. O importante são os casos de uso.

- Portanto, fique de olho se qualquer fornecedor tentar vender IA para você como uma panaceia ou plataforma; você está na corrida dos casos de usos, não na corrida da IA. A menos, obviamente, que seja desenvolvedor de IA.

- A maioria dos algoritmos tem código aberto. Qualquer fornecedor que esteja vendendo uma plataforma de IA geralmente está juntando conteúdo gratuito e, é provável, vendendo como se fosse premium. Há certo valor em algoritmos em pacotes e que tiveram uma curadoria, mas quase sempre o valor não é tão alto como possamos achar.

- Há, literalmente, milhares de casos de uso possíveis em grandes empreendimentos. Um número pequeno desses será crucial em seu futuro modelo de negócio. Concentre-se neles — siga o dinheiro.

- Como corolário, caso seu futuro modelo de negócio dependa desses poucos casos de uso, será importante desenvolver algum tipo de propriedade intelectual neles para oferecer uma vantagem competitiva sustentável. Para tanto, desenvolva recursos suficientes de IA e data science internamente.

Exemplos de Casos de Uso

A IA pode existir sempre que o julgamento humano estiver envolvido. Na Tabela B-1 a seguir, destaquei, como modo de ilustrar e de inspirar, apenas algumas categorias selecionadas de casos de usos altamente relevantes para funções na maioria dos empreendimentos.

Tabela B-1 Casos de uso ilustrativos de IA em empreendimentos

Manufatura	Processos Empresariais	Marketing	Vendas	Pesquisa e Desenvolvimento
Manutenção preditiva	Automatizar centros de serviços compartilhados	Direcionamento de propagandas	Previsões precisas	Pesquisar literatura e periódicos
Permitir melhorias na manufatura	Gestão de fraudes	Geração de conteúdo	Sistema de consultoria a representantes de vendas	Teste e validação de ideias
Logística eficiente	Atendimento personalizado ao consumidor	Segmentação de consumidores	Mapeamento inteligente	Redes neurais para design estrutural
Otimizar cadeia de suprimentos	Forte confiabilidade nos serviços	Ofertas e insights a consumidores	Ótima disposição em prateleiras e merchandising	IA para trabalhar com imagens
Melhoria da qualidade	Otimizar talentos	Melhor precificação	ROI de investimentos comerciais	Selecionar candidatos para testes

Informações Práticas que Você Precisa Saber

Como identificar casos de uso

- Reúna seus melhores especialistas em negócios e cientistas de dados para identificá-los. Mesmo se tiverem que iterar e testar frequentemente. Não tente fazer pesquisas para casos de usos — teste!

Como desenvolver recursos de IA?

- É só começar. Contrate alguns cientistas de dados. E, mais importante, comece a coletar todos os tipos de dados que são relevantes para sua empresa. A IA fica impotente sem dados.

A IA pode ser usada em setores do antigo mundo?

- A IA ainda é relevante lá. Com bem poucas exceções, é a combinação do antigo + novo que cria modelos de negócio disruptivos. A IA da Amazon não valeria muito sem seus recursos de logística. É necessário complementar seus ativos do antigo mundo com os recursos do novo mundo.

Quais são os efeitos da IA nos empregos?

- Como em qualquer automação, a IA definitivamente dá um novo propósito para as pessoas e suas habilidades. Seu plano de negócio precisa antecipar isso.

A IA destruirá a humanidade?

- Provavelmente não, porque pessoas inteligentes estão começando a levantar a questão de limites para a IA. Porém, não investir em recursos relevantes de IA para sua empresa certamente a destruirá!

2. Processo Inteligente de Automação

Esta é a tecnologia que usa robôs de software para automatizar ainda mais os processos empresariais no empreendimento que não podia ser feito pelos sistemas transacionais de base. Em uma ponta do espectro do processo inteligente de automação está a automação do processo robótico (RPA — robotic process automation), que inclui software para automatizar qualquer tarefa repetitiva de computador. Pense nisso como um macro de Excel superinteligente que pode trabalhar com qualquer software em seu computador. Na outra ponta do espectro está a IA, que ajuda com as transações baseadas em julgamento. Juntos, eles têm a habilidade de automatizar tanto tarefas estruturadas como as baseadas em julgamento nos empreendimentos.

Robôs de software, ou processo inteligente de automação, estão emergindo como parte da força de trabalho de todas as organizações. Esses robôs trabalham 24 horas por dia, 7 dias por semana e 365 dias por ano. Eles não precisam de folgas. E podem ser copiados de forma simples para multiplicar sua mão de obra. A desvantagem: eles trabalham melhor com tarefas repetitivas e estruturadas, embora ter o acréscimo de uma IA expanda os recursos para que realizem algumas tarefas baseadas em julgamento.

Há um motivo ainda mais importante para aplicar a automação inteligente nos processos de trabalho. A tecnologia alcançou um ponto de inflexão e oferece não apenas ganhos de produtividade, mas também ciclos mais rápidos de negócios. É a taxa relativamente rápida e alta de retorno do processo inteligente de automação que o torna disruptivo. Dependendo da complexidade do processo, muitos projetos de automação inteligente podem ser completados em poucas semanas, ter seus custos cobertos em poucos meses e trazer os benefícios de rapidez e escalabilidade (apenas copiando os robôs) como um extra.

Exemplos de Processos Inteligentes de Automação

Da mesma forma que a IA, o RPA pode existir sempre que houver humanos realizando tarefas de conhecimento repetitivas e de rotina. Veja uma lista ilustrativa para se inspirar. Você perceberá que a lista representa áreas nas quais a automação básica (como SAP, Salesforce, Oracle, Microsoft e outros softwares de grandes empresas) já é usada. Esses produtos básicos disponíveis no mercado cobrem apenas entre 50% e 90% da automação necessária em qualquer empreendimento, deixando lacunas que mecanismos adaptativos como toques humanos, e-mails e planilhas de Excel precisam atender. Esse é o objetivo principal do processo inteligente de automação.

- *Processamento de pedidos, frete e fatura*: Trabalho de rotina, especialmente executado em centros no exterior, envolvendo sistemas múltiplos para completar o ciclo de gestão de pedidos.

- *Processos de subscrição e de pedidos de indenização*: Tarefas realizadas sobretudo nos setores de seguros, bancos e manufatura que envolvem recursos humanos significativos para validar a informação rotineiramente.

- *Registro de clientes ou pacientes*: Atividades que envolvem a ativação de tarefas subsequentes em múltiplos sistemas. Todo esse processo pode ser automatizado.

- *Solicitação de cartão de crédito*: Embora aplicável amplamente para o processamento de solicitações estruturadas, o processo de solicitação de cartão de crédito é um excelente exemplo. Ele envolve validar e autorizar a qualificação em múltiplas fontes de informação.

- *Gestão de dados e relatórios*: Tarefas que envolvem puxar informações de múltiplas fontes e processá-las de formas previsíveis.

- *Contratação e integração de funcionários*: Automação de atividades que resultam do evento de uma nova contratação, incluindo a atualização de múltiplos sistemas de TI, organização de treinamentos, instalações, folha de pagamento e assim por diante.

- *Relacionamento com o cliente e reclamações*: Processamento estruturado de contatos dos clientes permeando múltiplos departamentos na organização.

- *Mudança no status de processamento (como mudança de endereço)*: Tarefas de rotina como alterar partes da informação para uma entidade.

Informações Práticas que Você Precisa Saber

Por onde começar?

- Descubra onde há grandes números de funcionários fazendo tarefas rotineiras, sejam internas, sejam por meio de seus fornecedores do processo de terceirização de negócios (BPO).

Qual é o tamanho desse conceito?

- Muito grande. Muitas implementações enormes agora visam o uso de mil ou mais robôs, em que cada um pode automatizar as tarefas de diversas pessoas.

É possível acrescentar a reengenharia de processos e a IA ao RPA para multiplicar os benefícios?

- Não automatize um processo mal projetado. Primeiro, organize-o para então expandir a automação de modo que inclua tarefas de julgamento.

Que tipo de organização será mais beneficiada?

- Este processo ajuda mais os empreendimentos tradicionais do que os nativos digitais. Os empreendimentos tradicionais tendem a possuir um número maior de funcionários investidos em tarefas de rotina que envolvem conhecimento. É uma ótima solução rápida.

Quais são os cuidados e limitações?

- Primeiro, você precisa saber o que está fazendo. Neste caso, o processo empresarial interno e os especialistas em TI precisam estar altamente envolvidos. Não dá para simplesmente terceirizar essa tarefa. Segundo, planeje-se para operações contínuas. Quem trocará os robôs quando os processos mudarem?

3. Blockchain

O blockchain é a tecnologia inovadora subjacente que foi inventada originalmente com o bitcoin. Embora o bitcoin ainda seja muito especulativo e não recomendado para uso na maioria dos empreendimentos, o blockchain é considerado uma das tecnologias mais transformadoras que já foram inventadas desde a internet. É uma afirmação e tanto, mas há justificativas. Ele pode causar disrupção em atividades relacionadas com a gestão de transações (como transferências bancárias), assim como a internet causou disrupção no acesso à informação.

Pense no blockchain como um livro-razão digital de transações — uma planilha, se preferir. Agora, imagine que essa planilha é duplicada milhares de vezes a partir de muitas redes e reconciliada constantemente. O resultado é um registro imutável, de fácil acesso, mas virtualmente impossível de ser corrompido porque ele constantemente se autoaudita ao longo de múltiplas cópias. É por esse motivo que o blockchain é considerado impossível de ser hackeado — pelo menos até agora.

As Possibilidades do Blockchain

Como o blockchain usa dados distribuídos e tem fácil acesso de múltiplas partes, enquanto ainda permanece muito seguro, é uma ferramenta que eliminará a intermediação em qualquer transação. Esse é um dos motivos pelos quais o setor financeiro está, ao mesmo tempo, nervoso e animado quanto a essa tecnologia. Uma grande parte do trabalho deles atualmente é intermediar as partes. Na arena da negociação de títulos, até 10% de todas as transações ainda possuem erros que precisam ser resolvidos manualmente para liquidar as transações. Essa é uma oportunidade de economia multibilionária em taxas de liquidação financeira.

Outro uso lógico seria nas votações. Enquanto diversos países estão vendo a possibilidade de votações online com base no blockchain, muitas organizações corporativas e comunitárias já o utilizam. A bolsa de valores de Abu Dhabi introduziu a votação online em suas assembleias gerais anuais. A Estônia tem casos de uso nas validações de serviços para cidadãos e em reuniões corporativas de acionistas.

Exemplos de Casos de Uso

Os possíveis casos de uso são inumeráveis. Previsivelmente, a combinação de transações muito descentralizadas, fácil acesso a muitas partes e segurança extremamente alta pode causar disrupção em praticamente qualquer sistema de atividade transacional. Apenas alguns exemplos, para ilustrar e inspirar, aparecem na Tabela B-, a seguir.

Tabela B-2 Casos de uso ilustrativos de blockchain

Registros e Modelos Financeiros	Registros Governamentais	Cadeia de Suprimentos	Segurança	Mercados Emergentes
Criptomoedas	Registro de imóveis	Rastreamento e localização de produtos e ingredientes	Chaves de carro, hotel, casa, depósitos	Microempréstimos comunitários
Registros e transações empresariais	Passaportes	Rastreamento e gestão de fretes	Vouchers, cupons e pagamentos seguros	Compartilhamento de energia solar
Trading	Certidões de nascimento e óbito	Faturamento e pagamentos	Registros de apostas	Pagamentos
Registros de financiamentos e empréstimos	Voto online	Gestão de contratos	Patentes e direitos autorais	Registros agrícolas
Microfinanças	Transparência governamental	Gestão de fornecedores	Gestão de direitos digitais	Registros de empresas sem fins lucrativos

Informações Práticas que Você Precisa Saber

Não há um sensacionalismo exagerado em relação ao blockchain?

- Sim, da mesma forma que a maioria das tecnologias disruptivas em seus estágios iniciais. Mas isso não é motivo suficiente para ignorá-lo. Ele é poderoso o bastante para impactar drasticamente sua empresa.

Com relação à afirmação de que o blockchain não pode ser hackeado — a corretora de bitcoin Mt. Gox não foi hackeada?

- Sim. Embora o blockchain em si estivesse seguro, as senhas da carteira para acessar a moeda não estavam. É como guardar algo no cofre, mas não tomar cuidado com a chave. É uma boa lição sobre a importância de fundamentos sólidos e seguros para a infraestrutura em torno do blockchain.

Onde começar com blockchain?

- Descubra a intersecção entre as transações que precisam de segurança e aquelas que estão distribuídas por meio das partes. Do mesmo modo que com a IA, comece reutilizando casos de uso que outros já criaram, que podem ser reaplicados de forma rápida e com custo baixo.

Onde obter uma melhor compreensão das possibilidades do blockchain?

- Há uma variedade de recursos online que listam todos os casos de uso possíveis do blockchain. Associe isso com suas necessidades para dar o primeiro passo. Pense em desenvolver novos casos de uso após ganhar experiência suficiente na tecnologia de sua organização.

Quais são os cuidados e limitações?

- Há várias limitações, mas nada que não possa ser superado. É importante evitar a extrapolação com qualquer tecnologia emergente, incluindo o blockchain. Comece com pouco. Outra coisa, como é o caso com qualquer outra tecnologia exponencial, é crucial entender o que você está fazendo. Não terceirize isso; na verdade, nunca terceirize algo que você não entende.

4. Robótica e Drones

Esta seção e a próxima falam sobre recursos exponenciais que têm funções físicas ou especiais por natureza. Caso haja aspectos físicos em sua empresa, como a criação, movimentação, revenda ou vigilância de itens, então os recursos da robótica ou dos drones serão muito ricos em possibilidades.

A robótica e os drones já deixaram de ser brinquedinhos de curiosos, tornando-se disruptores sérios. Desde o início de 2017, os drones possuem capacidade de erguer mais de 220kg. E essa capacidade continua crescendo exponencialmente. Os robôs já conseguem fazer entregas de um centro de armazenagem para o cliente, manutenção doméstica, operações em armazéns e serviços de segurança. Alguns dos casos mais inovadores, como entregar amostras de sangue para hospitais, estão emergindo em países em desenvolvimento que possuem uma necessidade de superar as infraestruturas locais questionáveis. Neste estágio, os empreendimentos não estão apenas testando recursos, mas ativamente se convertendo aos drones e à robótica.

Exemplos de Casos de Uso

Qualquer tarefa que precise fisicamente ver, perceber, auxiliar, mover-se, medir ou entregar será alvo fácil da robótica. Além disso, qualquer uma dessas tarefas que envolvam controle

Por que as Transformações Digitais Dão Errado

remoto está sendo visada pelos drones. Naturalmente, novos casos de uso surgem diariamente. Uma lista curta de setores que já usam robótica e drones é apresentada a seguir, na Tabela B-3.

Tabela B-3 Casos de uso ilustrativos de robótica e drones

Robótica	Drones
Manufatura	Agricultura
Logística e armazenamento	Fotografia/Cinema
Entregas	Jornalismo
Cirurgia e medicina	Monitoramento remoto de tubulações, poços etc.
Assistência domiciliar	Monitoramento de florestas e ambiente
Cuidado de idosos	Busca e resgate
Merchandising de varejo	Militares
Segurança	Entrega de encomendas
Militares	Transportes
Construção	Gestão de armazéns
Petróleo e gás	Vigilância de pontes e outros ativos
Assistência relacionada a desastres	Inspeção imobiliária
Serviços civis e policiais	Entrega de produtos cruciais em áreas remotas
Hotéis e restaurantes	Monitoramento de segurança
Veículos autônomos	Manutenção de serviços de água, luz e esgoto
Entretenimento	Verificação de seguros

Informações Práticas que Você Precisa Saber

Qual é o estágio atual de desenvolvimento da robótica e dos drones?

- Está mais desenvolvido do que a maioria das pessoas acha. Muito mais adiantado que a IA.

Quais áreas das empresas provavelmente serão afetadas?

- Procure as maiores oportunidades de custo, tempo, risco ou nível de serviço que envolvam movimentos físicos.

É possível identificar casos de usos emergentes?

- Fique de olho na atividade das startups. As fontes de informações das firmas de Venture Capital, bem como bancos de dados como Crunchbase são maneiras fáceis de acompanhar as startups.

E quanto às políticas regulatórias e processos de aprovação?

- Estão se estabilizando incrivelmente rápido. Os operadores de drones costumavam precisar de um brevê. Agora, um simples certificado de piloto de drones pode ser conseguido por qualquer adolescente de 16 anos que tenha US$150 e materiais de estudo suficientes.

5. Tecnologias com Funções Especiais

Enquanto as quatro tecnologias exponencias anteriores podem ser amplamente aplicadas na maioria dos empreendimentos, há um grupo de tecnologias exponenciais que são disruptivas para setores específicos. Isso inclui campos como realidade virtual, impressão 3D, Internet das Coisas (IoT), nanotecnologia, armazenamento de energia, biotecnologia e materiais avançados. A lista completa de tecnologias com funções especiais é grande demais para ser analisada em detalhes aqui, mas a questão a ser registrada é que tudo indica que serão disruptivas em setores específicos, por exemplo, impressão 3D para fabricantes de equipamentos, ou armazenamento de energia para os empreendimentos de transmissão tradicional de energia. Essas tecnologias merecem uma atenção especial em seus planos de transformação digital. A Singularity University, um laboratório visionário de ideias localizado no Vale do Silício, sem dúvidas possui algumas das melhores informações quanto às implicações dessas tecnologias exponenciais especiais. Nas próximas páginas, ofereço uma breve visão das possibilidades incríveis em duas áreas menos conhecidas.

Os Recursos Disruptivos dos Materiais Avançados

E se sua roupa pudesse gerar energia? Uma combinação de fibras está sendo usada para coletar energia do movimento e de células solares incorporadas nas fibras. Imagine se pudesse fazer com que as rachaduras em sua estrutura de concreto se autoconsertassem? Os cientistas estão trabalhando na incorporação de bactérias no concreto que despertam quando as rachaduras aparecem, produzindo calcário que as preenche. Que tal se tijolos inteligentes em sua casa pudessem "digerir" poluentes e gerar energia ao mesmo tempo? Esses tijolos inovadores incluem células de combustível microbial com micro-organismos sintéticos programáveis. Ao serem ativados, podem limpar a água, recuperar fosfato ou gerar eletricidade. Esses são apenas alguns exemplos de novos materiais que estão mudando rapidamente o cenário da ciência tradicional de materiais.

Coletivamente, o termo "materiais avançados" descreve substâncias que demonstram grandes melhorias em relação aos materiais tradicionais, que estão sendo usados há diversos anos. O que é singular quanto aos materiais avançados é a disponibilidade de recursos computacionais baratos para acelerar drasticamente o ritmo em que os novos progressos podem ser criados. Esse efeito é similar ao impacto disruptivo da genômica na medicina, e não pode mais ser ignorado.

As Possibilidades de um Mundo Mais Inteligente

A outra tecnologia exponencial que merece mais atenção são os aparelhos inteligentes. Tradicionalmente, fomos treinados a pensar no mundo como tendo dois tipos de objetos: inteligentes e burros. Assim, nosso carro autônomo pode ser inteligente, mas a estrada é burra. E se a pressuposição pudesse ser mudada completamente? E se a estrada pudesse ser tão inteligente quanto o carro? Isso nos leva a possibilidades incríveis da internet de tudo (Internet das Coisas).

A Internet das Coisas, ou IoT (Internet of Things), é a interconexão dos mundos físico e digital de maneiras nunca vistas antes. Em essência, a IoT é uma rede interconectada de aparelhos que podem coletar ou trocar dados. Isso pode ser feito remotamente, dessa forma abrindo novas possibilidades que vão desde torradeiras inteligentes até estacionamentos inteligentes, monitores inteligentes de saúde, otimização de energia em tempo real e manufatura inteligente.

Como Podemos Tornar Tudo Inteligente?

Pense em um único aparelho da IoT como um sensor que possui um propósito especial que mensura e transmite informações necessárias e que pode ter a inteligência suficiente para tomar algumas decisões. Um termostato Nest faz isso com informações de temperatura, monóxido de carbono e imagens de vídeo. Ao utilizar esses dados, ele pode auxiliar a reduzir drasticamente o consumo de energia em sua casa.

Agora, imagine se um grande número de aparelhos da IoT como esse — sua escova de dentes, TV, sistema de segurança doméstica, cortador de grama, carro, robô de limpeza, torradeira, cafeteira, geladeira, máquina de lavar e secar roupas, computador, cama, chuveiro, juntamente com suas informações digitais como sua conta online de compras, dados de cartão de crédito, coleção de músicas, contatos e preferências pessoais — pudesse trabalhar de forma perfeita e inteligente entre si. Assim, enquanto está no trabalho, sua geladeira faria o pedido dos itens que estão acabando, o cortador de grama e o robô que limpa o chão iniciariam seus ciclos, seu sistema de segurança permitiria as entregas certas de forma inteligente, e sua máquina de lavar perceberia que está ficando sem sabão e faria o pedido. Ao chegar em casa, o sistema de segurança o reconheceria e abriria a porta, o sistema de música começaria a tocar suas favoritas, o forno requentaria sua comida, a lata de lixo informaria que está cheia e seu smartphone o ajudaria a chamar um Uber para ir ao aeroporto exatamente no momento certo, com base em informações de tráfego em tempo real.

Agora, pense no que seria possível se um grande número de casas inteligentes estivessem conectadas entre si por meio de outros sensores para criar cidades inteligentes. Problemas de segurança, ambiente, congestionamento, serviços públicos, tratamentos médicos e serviços financeiros seriam resolvidos de forma mais eficiente.

Por fim, pense nas possibilidades que podem ser aplicadas ao empreendimento. Fábricas inteligentes poderiam, virtualmente, funcionar sozinhas. O transporte inteligente poderia otimizar o serviço e os custos. O varejo inteligente poderia personalizar os serviços a seus consumidores.

É essa habilidade de juntar os mundos físico e digital, e de fazer isso em uma rede de grande escala, que causará disrupção em nossas vidas como parte da Quarta Revolução Industrial.

Cada Setor Possui Uma ou Mais Tecnologias Disruptivas com Funções Especiais

Embora falemos de apenas algumas tecnologias disruptivas com funções especiais, a questão é que esses recursos específicos à indústria possuem o poder mais direto de complicar seu modelo de negócios. A manufatura sofrerá disrupção direta pela impressão 3D, por materiais avançados, IoT, nanotecnologia e muitas outras tecnologias emergentes. A habilidade de reconhecer e aproveitar a combinação certa de tecnologias disruptivas com funções especiais na era digital para seu modelo de negócio é sua melhor aposta para evitar sofrer disrupção.

Informações Práticas que Você Precisa Saber

Por onde começar quanto às tecnologias com funções especiais?

- Comece avaliando constantemente a estratégia de sua empresa e as necessidades dos clientes, para que ela incorpore as tecnologias disruptivas com funções especiais certas. Inove com produtos e serviços inéditos e modelos de negócio disruptivos. Traga recursos organizacionais suficientes para ajudá-lo a avaliar as possibilidades e riscos.

Todas essas novas tecnologias são acessíveis financeiramente?

- Isso não precisa ser caro. Você pode conseguir iterar em ciclos pequenos e de baixo custo inicialmente, ou fazer parcerias. E nem todas as tecnologias precisam de novos investimentos adicionais. Vamos pegar o caso dos sensores de IoT: se o motorista do caminhão de seu departamento de logística tem um smartphone, então você já tem um sensor de IoT. A maioria das instalações de manufatura possui sensores nas máquinas que são demasiadamente subutilizados.

Qual é a maturidade dos recursos tecnológicos com funções especiais?

- É importante pensar de forma diferente na maturidade das tecnologias exponenciais com funções especiais, uma vez que estão na vanguarda da disrupção para seu setor. Pode ser necessário errar quanto ao investimento feito em algumas aplicações disruptivas do setor, em vez de esperar que o mundo passe por você.

Notas

1. Caletha Crawford, "Cushman & Wakefield's Retail Predictions for 2018 Are Not What You Want to Hear", Sourcing Journal, 10 de janeiro de 2018, https://sourcingjournal.com/topics/business-news/retail-apocalypse-2018-cushman-wakefield-prediction-76866 [acesso em 19 de dezembro de 2018].

2. CB Insights Research, "Here Are 40 Casualties of the Retail Apocalypse and Why They Failed", 17 de outubro de 2018, https://www.cbinsights.com/research/retail-apocalypse-timeline-infographic [acesso em 19 de dezembro de 2018].

3. Rebecca McClay, "2018: The Year of Retail Bankruptcies", Investopedia, 3 de agosto de 2018, https://www.investopedia.com/news/year-retail-bankruptcies-looms-m/ [acesso em 19 de dezembro de 2018].

4. Michael Bucy et al., "The 'How' of Transformation", McKinsey & Company, maio de 2016, https://www.mckinsey.com/industries/retail/our-insights/the-how-of-transformation [acesso em 19 de dezembro de 2018].

5. Nadir Hirji e Gale Geddes, "What's Your Digital ROI? Realizing the Value of Digital Investments", Strategy&/PwC, 12 de outubro de 2016, https://www.strategyand.pwc.com/report/whats-your-digital-ROI [acesso em 19 de dezembro de 2018].

6. Michael Sheetz, "Technology Killing Off Corporate America: Average Life Span of Companies Under 20 Years", CNBC, 24 de agosto de 2017, https://www.cnbc.com/2017/08/24/technology-killing-off-corporations-average-lifespan-of-company-under-20-years.html [acesso em 19 de dezembro de 2018].

7. Bruce Rogers, "Why 84% of Companies Fail at Digital Transformation", Forbes.com, 7 de janeiro de 2016, https://www.forbes.com/sites/brucerogers/2016/01/07/why-84-of-companies-fail-at-digital-transformation/#14f3cddc397b [acesso em 19 de dezembro de 2018].

8. Art & Architecture Quarterly, "Long Island Museum: The Carriage Collection", http://www.aaqeastend.com/contents/portfolio/long-island-museum-carriage-collection-finest-collection-of-horse-drawn-vehicles/ [acesso em 19 de dezembro de 2018].

9. Park City Museum, "Transportation in America and the Carriage Age", setembro de 2007, https://parkcityhistory.org/wp-content/uploads/2012/04/Teacher-Background-Information.pdf [acesso em 19 de dezembro de 2018].

10. Kent C. Boese, "From Horses to Horsepower: Studebaker Helped Move a Nation", Smithsonian Libraries, http://www.sil.si.edu/ondisplay/studebaker/intro.htm [acesso em 19 de dezembro de 2018].

11. Richard M. Langworth, *Studebaker 1946–1966: The classic postwar years* (Minneapolis, MN: Motorbooks International, 1993).

12. Boese, "From Horses to Horsepower".

13. B.R., "A Crash Course in Probability", *The Economist*, 29 de janeiro de 2015, https://www.economist.com/gulliver/2015/01/29/a-crash-course-in-probability [acesso em 19 de dezembro de 2018].

14. Salim Ismail, Michael S. Malone e Yuri van Geest. *Exponential Organizations: Why new organizations are ten times better, faster, and cheaper than yours — and what to do about it* (Nova York: Diversion Books, 2014).

15. BT Group, "Digital Transformation Top Priority for CEOs, Says New BT and EIU Research", GlobalServices.bt.com, 12 de setembro de 2017, https://www.globalservices.bt.com/en/aboutus/news-press/digital-transformation-top-priority-for-ceos [acesso em 19 de dezembro de 2018].

16. Gartner, "Gartner 2016 CEO and Senior Business Executive Survey Shows That Half of CEOs Expect Their Industries to Be Substantially or Unrecognizably Transformed by Digital", https://www.gartner.com/newsroom/id/3287617 [acesso em 19 de dezembro de 2018].

17. Josh Bersin, "Digital Leadership Is Not an Optional Part of Being a CEO", *Harvard Business Review*, 1º de dezembro de 2016, https://hbr. org/2016/12/digital-leadership-is-not-an-optional-part-of-being-a-ceo [acesso em 19 de dezembro de 2018].

18. Ibid.

19. Calleam Consulting, "Denver Airport Baggage System Case Study", 2008, http://calleam.com/WTPF/?page_id=2086 [acesso em 19 de dezembro de 2018].

20. Kirk Johnson, "Denver Airport Saw the Future. It Didn't Work", *The New York Times*, 27 de agosto de 2005, https://www.nytimes.com /2005/08/27/us/denver-airport-saw-the-future-it-didnt-work.html [acesso em 19 de dezembro de 2018].

21. Justin Bariso, "What Your Business Can Learn From Netflix", Inc.com, 4 de dezembro de 2015, https://www.inc.com/justin-bariso/the-secrets-behind-the-extraordinary-success-of-netflix.html [acesso em 19 de dezembro de 2018].

22. Timothy Stenovec, "One Reason for Netflix's Success — It Treats Employees Like Grownups", Huffington Post, 6 de dezembro de 2017, https://www.huffingtonpost.com/2015/02/27/netflix-culture-deck-success_n_6763716.html [acesso em 19 de dezembro de 2018].

23. Chris Ueland, "A 360 Degree View of the Entire Netflix Stack", *High Scalability* (blog), 9 de novembro de 2015, http://highscalability.com/blog/2015/11/9/a-360-degree-view-of-the-entire-netflix-stack.html [acesso em 19 de dezembro de 2018].

24. Larry Barrett e Sean Gallagher, "Fast Food Fails Digital Networking Test", *Baseline*, http://www.baselinemag.com/c/a/Projects-Supply-Chain/McDonalds-McBusted [acesso em 7 de fevereiro de 2019].

25. Larry Barrett e Sean Gallagher, "Fast Food Fails Digital Networking Test", *Baseline*, 2 de julho de 2003, http://www.base linemag.com/c/a/Projects-Supply-Chain/McDonalds-McBusted [acesso em 19 de dezembro de 2018].

26. Spencer E. Ante, "Case Study: Bank of America", 18 de junho de 2006, Bloomberg, https://www.bloomberg.com/news/articles/2006-06-18/case-study-bank-of-america [acesso em 19 de dezembro de 2018].

27. John Hagel III, John Seely Brown e Lang Davison, "How to Bring the Core to the Edge", *Harvard Business Review*, 6 de fevereiro de 2009, https://hbr.org/2009/02/how-to-bring-the-edge-to-the-c.html [acesso em 19 de dezembro de 2018].

28. Ismail et al., *Exponential Organizations*.

29. Jonathan L. S. Byrnes, "Middle Management Excellence", jlbyrnes.com, 5 de dezembro de 2005, http://jlbyrnes.com/uploads/Main/Middle Management Excellence HBSWK 12-05.pdf [acesso em 19 de dezembro de 2018].

30. Quentin Hardy, "Google's Innovation — and Everyone's?", Forbes.com, 16 de julho de 2011, https://www.forbes.com/sites/quentinhardy /2011/07/16/googles-innovation-and-everyones/#4a314d4a3066 [acesso em 19 de dezembro de 2018].

31. Bansi Nagji e Geoff Tuff, "Managing Your Innovation Portfolio", *Harvard Business Review*, maio de 2012, https://hbr.org/2012/05/managing-your-innovation-portfolio [acesso em 19 de dezembro de 2018].

32. Biography, "Richard Branson", https://www.biography.com/people/richard-branson-9224520 [acesso em 19 de dezembro de 2018].

33. Richard Feloni, "Why Richard Branson Is So Successful", Business Insider, 11 de fevereiro de 2015, https://www.businessinsider.com/how-richard-branson-maintains-the-virgin-group-2015-2 [acesso em 19 de dezembro de 2018].

34. Richard Branson, "Richard Branson on Intrapreneurs", msnbc.com, 31 de janeiro de 2011, http://www.nbcnews.com/id/41359235/ns/business-small_business/t/richard-branson-intrapreneurs/#.XBqusWhKg2w [acesso em 19 de dezembro de 2018].

35. Gianna Scorsone, "5 Hot and High-Paying Tech Skills for 2018", CIO.com, 23 de abril de 2018, https://www.cio.com/article/3269251/it-skills-training/5-hot-and-high-paying-tech-skills-for-2018.html [acesso em 19 de dezembro de 2018].

36. Susan Caminiti, "4 Gig Economy Trends That Are Radically Transforming the US Job Market", CNBC, 29 de outubro de 2018, https://www.cnbc.com/2018/10/29/4-gig-economy-trends-that-are-radically-transforming-the-us-job-market.html [acesso em 19 de dezembro de 2018].

186 Por que as Transformações Digitais Dão Errado

37. Susan Caminiti, "AT&T's $1 Billion Gambit: Retraining Nearly Half Its Workforce for Jobs of the Future", CNBC, 13 de março de 2018, https://www.cnbc.com/2018/03/13/atts-1-billion-gambit-retraining-nearly-half-its-workforce.html [acesso em 19 de dezembro de 2018].

38. John Donovan e Cathy Benko, "AT&T's Talent Overhaul", *Harvard Business Review*, outubro de 2016, https://hbr.org/2016/10/atts-talent-overhaul [acesso em 19 de dezembro de 2018].

39. Prachi Bhardwaj, "An Adobe Executive Once Accidentally Leaked Plans to the Press Before Discussing Them with the CEO — And It Was the Best Thing to Happen to the Company's Productivity", Business Insider, 14 de julho de 2018, https://www.businessinsider.com/adobe-donna-morris-productivity-hr-2018-7 [acesso em 19 de dezembro de 2018].

40. David Burkus, "How Adobe Scrapped Its Performance Review System and Why It Worked", Forbes.com, 1º de junho de 2016, https://www.forbes.com/sites/davidburkus/2016/06/01/how-adobe-scrapped-its-performance-review-system-and-why-it-worked/#64fd21fa55e8 [acesso em 19 de dezembro de 2018].

41. David Burkus, "Inside Adobe's Innovation Kit", *Harvard Business Review*, 23 de fevereiro de 2015, https://hbr.org/2015/02/inside-adobes-innovation-kit [acesso em 19 de dezembro de 2018].

42. Infinit Contact, "10 Zappos Stories That Will Change the Way You Look at Customer Service Forever", infinitcontact.com, 29 de outubro de 2013, https://www.infinitcontact.com/blog/zappos-stories-that-will-change-the-way-you-look-at-customer-service [acesso em 19 de dezembro de 2018].

43. Tony Hsieh, "How I Did It: Tony Hsieh, CEO, Zappos.com", Inc.com, 1º de setembro de 2006, https://www.inc.com/magazine/20060901/hidi-hsieh.html [acesso em 20 de dezembro de 2018].

44. Craig Silverman, "How to Create a Culture and Structure for Innovation", American Press Institute, 27 de maio de 2015, https://www.americanpressinstitute.org/publications/reports/strategy-studies/culture-and-structure-for-innovation/ [acesso em 19 de dezembro de 2018].

45. Joshua Benton, "The Leaked New York Times Innovation Report Is One of the Key Documents of This Media Age", Nieman Lab, 15 de maio de 2014, http://www.niemanlab.org/2014/05/the-leakednew-york -times-innovation-report-is-one-of-the-key-documents-of-this-media-age/ [acesso em 19 de dezembro de 2018].

46. Allana Akhtar, "Elon Musk Says SpaceX Didn't Have a Business Model When It Started", Money.com, 12 de março de 2018, http://time.com/money/5195687/elon-musk-business-model-space-x [acesso em 19 de dezembro de 2018].

47. Marco della Cava, "Elon Musk: Rockets and Electric Cars 'Dumbest' Possible Business Ventures", *USA Today*, 12 de março de 2018, https://www.usatoday.com/story/tech/2018/03/12/elon-musk-sxsw-rockets-and-electric-cars-dumbest-possible-business-ventures/416670002/ [acesso em 19 de dezembro de 2018].

48. Louis Anslow, "SpaceX: A History of Fiery Failures", Timeline.com, 1º de setembro de 2016, https://timeline.com/spacex-musk-rocket-failures-c22975218fbe [acesso em 19 de dezembro de 2018].

49. IBM, "The C-Suite Study", https://www.ibm.com/services/insights/c-suite-study [acesso em 19 de dezembro de 2018].

50. Chunka Mui, "How Kodak Failed", Forbes.com, 18 de janeiro de 2012, https://www.forbes.com/sites/chunkamui/2012/01/18/how-kodak-failed/#67b8a2fa6f27 [acesso em 19 de dezembro de 2018].

51. Maxwell Wessel, "Why Preventing Disruption in 2017 Is Harder Than It Was When Christensen Coined the Term", *Harvard Business Review*, 4 de setembro de 2017, https://hbr.org/2017/09/why-preventing-disruption-in-2017-is-harder-than-it-was-when-christensen-coined-the-term [acesso em 19 de dezembro de 2018]

Índice

A

accountability, 45

Adobe, 123

alfabetização de máquina, 158

algoritmos, 88

Amazon
  início, 44

Ambient computing, 157

ambiente adaptativo, 127

apocalipse do varejo, 3

Application Programming Interfaces
  APIs, 117

aprendizado de máquina, 109

aprendizado executivo, 116

aprendizado profundo, 158

atualização de motor, 106

automação do processo robótico
  RPA, 172

B

Bank of America, 76

blockchain, 113

brainstorming, 113

business analytics, 14

C

cadeia de suprimentos digital, 135

capitalistas de risco, 117

carregadores da tocha
  Torchbearers, 139

caso de uso, 170

Centro de Serviços Medicare e Medicaid
  CMS, 45

centro digital das operações, 148

cidades inteligentes, 159

Cinco Exponenciais, 169–182
  blockchain, 175
  drones, 177
  inteligência artificial, 169
  processo inteligente de automação, 172
  robótica, 177
  tecnologias com funções especiais, 179

computação em nuvem, 170

conselho de administração, 39

crash pontocom, 93

Credit Suisse, 5

crescimento exponencial, 142

crise
  situação, 87

crowdsourcing, 88

cultura ágil, 124

D

dados mestres, 150

data science, 109

desenvolvimento de aplicações
  empresariais, 109

design iterativo, 49

design thinking, 49

DevOps, 109

diretores digitais, 39

disciplina, 11

disrupção
  digital, 6
  em série, 67
  sinais de aviso, 136

DNA Vivo
Estágio 5, 20

E
e-commerce, 135
ecossistemas exponenciais, 75
efeito portfólio, 47
Elon Musk, 129
embaixadores digitais, 118
empoderamento da disrupção, 60
escores de satisfação do cliente, 137
estratégia corporativa de TI, 39
estratégia de disrupção digital, 39
estratégias novas, 8
   execução disciplinada, 8
evolução perpétua, 9
experiência do cliente
   CX, 137

F
falências do varejo, 4
feedback iterativo dos consumidores, 46
Filippo Passerini, 84
foco no cliente, 127
frozen middle, 90
função de TI, 106
Fundação
   Estágio 1, 20

G
gestão da mudança
   Estágio 3, 81–82
gestão de portfólios, 93
Gillette, 84
Global Business Services
   GBS, 10
Google, 95

H
habilidades não técnicas, 109
hard skills, 110
HealthCare.gov, 43

causas-raiz do problema, 45

I
ideias de transformação, 48
índice de disrupção digital, 134
Índice de Prontidão de Redes
   Singapura, 33
inovação, 18
Internet das Coisas, 119
intraempreendedorismo, 98
   Virgin Group, 99
investidores de capital de risco
   VC, 136
irmãos Wright, 105

J
Jeff Bezos, 59
John Stephenson Company, 7
Julio Nemeth, 13

K
Kodak, 142

L
lean startup, 45
Lee Hsien Loong, 35
levantar voo, 9
liderar a mudança, 155
líderes da transformação, 62
linhas de serviço, 14

M
manter-se à frente, 9
manufatura, 20
McDonald's, 69
modelo 70-20-10, 97
Modelo de Negócio Canvas, 71
modelo do queijo suíço, 23
modelos alternativos de negócio, 138
moonshot thinking, 97
mudança
   erro de avaliação, 142

Índice   191

inércia, 141
inorgânica, 89–90
medo, 140
orgânica, 88

N

nanobots cirúrgicos, 159
nanotecnologia, 119
Netflix, 67–69
    cultura organizacional, 69
NGS
    design thinking, 48
    ideia disruptiva, 47
    oportunidade geral de negócio, 47
    portfólio de experimentos, 47
    produtos mínimos viáveis (MVPs), 48
novas ideias, 124

O

oportunidade de negócio, 48
organização exponencial, 15–16
    ExO, 88
organizações descentralizadas, 88

P

Parcialmente Sincronizada
    Estágio 3, 20
pele em jogo
    skin in the game, 63
pessoas afetadas pela mudança, 62
planejamento de recursos do
    empreendimento
    ERP, 37
plano de negócio, 8
pontos de fricção do cliente, 137
pontos de vantagem digital, 70
pontos de vantagem tecnológica, 67
portfólio de projetos, 44
processamento de linguagem natural
    NLP, 157
processos de trabalhos exponenciais, 75

produtos de operações internas 10X, 14
produtos disruptivos, 114
Programa de Computadorização do
    Serviço Público
    PCSP, 35
Projeto Genoma Humano, 147
propaganda digital, 135
propósito transformador massivo
    PTM, 61–62

Q

Quarta Revolução Industrial, 4–12
    disrupção digital, 6
quebra de barreiras, 37

R

redesign, 107
Richard Branson, 100
risco da disrupção, 134

S

seguidores do mercado, 139
segurança de informações, 109
serviço de atendimento, 126
serviços compartilhados, 13–17
    fragmentados, 13
    globais ou totais, 13
    negócios globais, 13
Serviços de Nova Geração
    NGS, 14
ShotSpotter, 114
Silos
    Estágio 2, 20
Singapura
    tecnologia digital, 33
Singularity University
    SU, 15
sistema métrico dos EUA, 57–59
situação de "dois mundos", 51
soft skills, 110
S&P 500, 5

SpaceX, 129
speed dating, 136
stakeholders auxiliares, 63
Studebaker, 8
superdelegação, 34

T
tecnologia
  recursos, 73
tecnologias exponenciais, 74
tendências disruptivas constantes, 125
terceirização dos processos do negócio
  BPO, 73
Teste de Turing, 17
Totalmente Sincronizado
  Estágio 4, 20
Transformação Digital 5.0, 22–24
transformação disruptiva
  aspectos, 71

U
unidade de manutenção em estoque
  SKU, 150

V
velocidade
  de inovação, 49
    métrica-chave, 50
  de relógio, 51–52
vetores de mudança, 108

W
Warren Buffett, 85
Washington Post
  reestruturação, 59–60

Y
Y2K, 82

Z
Zappos, 125